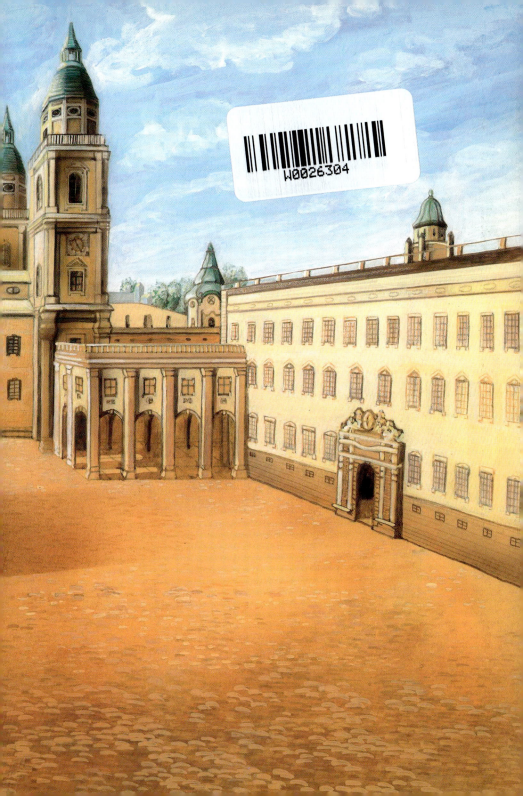

Deborah Einspieler

Das Leben des jungen
Mozart

Für Valentina

Die CD in dieser Mozartbiografie für Kinder enthält Musik,
die im Text erwähnt wird:

1. Leopold Mozart, Schlittenfahrt*
   Wolfgang Amadeus Mozart:
2. Eine kleine Nachtmusik 1. und 2. Satz KV 525**
3. Ouvertüre aus „Die Hochzeit des Figaro" KV 492**
4. Cavatine des Figaro: „Se vuol ballare"*
5. Don Giovanni: „Introduzione Notte e giorno faticar"*
6. Don Giovanni: „Madamina, il catalogo"*
7. Don Giovanni: „Canzonetta"***
8. Die Zauberflöte: Arie „Zu Hilfe, zu Hilfe"*

*   Mit freundlicher Genehmigung von NAXOS Deutschland GmbH
**   Mit freundlicher Genehmigung von GATEWAY4M, Hamburg
*** Originalaufnahme für diese CD. Don Giovanni singt: Bálint Szabó,
      Gitarre: Vanessa Heinisch, Cembalo: Hartmut Keil;
      Aufnahmeleitung: Peter Tobiasch, Regie: Deborah Einspieler

© Baumhaus Verlag 2006, Frankfurt am Main
Alle Rechte vorbehalten

© Logo „Little Amadeus" und Trickfilm-Illustrationen: GATEWAY4M, Hamburg 2006

„Little Amadeus" und das Logo „Amadeus/Klaviatur" sind eingetragene Marken
der LAR Little Amadeus Real. ges. mbh & Co KG

Copyright der Trickfilm-Illustrationen: GATEWAY4M GmbH, Hamburg 2005

Die Trickfilm-Figuren von „Little Amadeus" sind urheberrechtlich geschützt
für W. Debertin.

Gestaltung und Satz: Helmut Schaffer Grafik + Satz, Hofheim

ISBN 3-8339-3567-7

Gesamtverzeichnis schickt gern:
Baumhaus Verlag, Juliusstraße 12, 60487 Frankfurt am Main

4 3 2 1   06 07 08 2009

Inhalt

Vorwort
Erzählt von einer für Österreich schwärmenden Mama
und der schrecklichen Opernmusik, die sie liebt 7

1. Kapitel
Beschreibt ein doofes Missgeschick und dessen Folgen 11

2. Kapitel
Erzählt, wie Mozarts Eltern auf diesen verrückten Namen kamen,
von dessen Umständlichkeit er nur wenig hält 23

3. Kapitel
Erzählt davon, dass Amadeus wie jedes Kind am liebsten spielt und wie Mozarts Papa
entdeckt, dass man der Welt die musikalischen Geschwister nicht vorenthalten darf 29

4. Kapitel
Erzählt, wie Mozarts Eltern beschließen, mit ihren Kindern zu reisen 36

5. Kapitel
Erzählt von den Vorbereitungen der zweiten großen Reise und der Fahrt nach München 51

6. Kapitel
Erzählt, wie die Familie Mozart in Windeseile von Brüssel nach Paris reist
und dann vor verschlossenen Türen steht 63

7. Kapitel
Beschreibt den London-Aufenthalt und schildert eine Begegnung der besonderen Art 69

8. Kapitel
Schildert, wie Amadeus den englischen König mit Händel-Musik verzaubert
und beschreibt die Weiterreise der Familie von London nach Den Haag 79

9. Kapitel
Erzählt von Mozarts etliche Monate dauernden Heimreise nach Salzburg 89

10. Kapitel
Erzählt von einem kurzen Heimspiel in Salzburg und der Weiterreise nach Wien 93

11. Kapitel
Beschreibt die Arbeit an Amadeus' erster Oper *La finta semplice* und die damit verbundenen
Schwierigkeiten sowie die gefeierte Uraufführung von *Bastien und Bastienne* 102

12. Kapitel
Beschreibt die Uraufführung von *La finta semplice* bei Erzbischof Schrattenbach
und schildert Italien als das wahre Opernland 107

Vorwort
Erzählt von einer für Österreich schwärmenden Mama und der schrecklichen Opernmusik, die sie liebt

Warum es schon wieder gerade Salzburg sein muss, kann ich mir echt nicht erklären. Schließlich könnten Mama und ich überall hinfahren. Aber wegen *seines* Geburtstags entscheidet sie sich mal wieder für Salzburg! *Er* heißt Wolfgang Amadeus Mozart und hat vor über 200 Jahren in Salzburg gelebt.

Während meine ganzen Freunde, wirklich alle Kumpels, coole Ferien im Süden am Strand verbringen oder mit ihrem Papa und einem Zelt im Norden unterwegs sind, muss ich mal wieder mit meiner Mama nach Österreich reisen.

Meine Mama liebt Österreich, die Berge und die Täler. Wenn sie an die Alpen denkt, bekommt sie einen schwärmerischen Blick und freut sich auf die unberührte Landschaft und die Stille.

Ich könnte es mir in den nächsten Wochen in einem netten Bauernhof oder in einer Pension gemütlich machen, der Gedanke liegt nahe, doch weit gefehlt. Mama liebt nämlich nicht nur Österreich, sondern vor allem auch Opern, am liebsten diejenigen von ihrem Lieblingskomponisten Wolfgang Amadeus Mozart. Und weil der jetzt 250 Jahre alt wird, widmet sie ihm einen Teil unseres Sommerurlaubs, sagt Mama.

Das heißt für mich, dass ich mit Mama durch Salzburg laufen muss, bis mir die Zunge aus dem Hals hängt und Stunden über Stunden in Mozarts Geburtshaus verbringen werde. Eines ist sicher: ich werde mich tierisch langweilen, während sie wieder voller Glück im siebten Himmel schwebt.

Das fängt bereits auf der Autobahn in Richtung Salzburg an, kaum dass wir Deutschland verlassen haben. Schon an der Autobahnraststätte, wenn es darum geht, die Autobahnplakette zu kaufen, begegnet sie jedem mit einem gut gelaunten „Grüß Gott". Das ist doch peinlich!

Dieses ganze Kulturprogramm in den Ferien mag ich ebenso wenig wie die Seifenopern von diesem Herrn Mozart. Die können mir auch gestohlen bleiben!

Andere Kinder in meinem Alter haben ganz normale Eltern, die auch normale Musik hören, halt aus der Zeit, als sie noch jung waren. Wenn ich zum Beispiel meinen Kumpel Max nach dem Fußball besuche, läuft dort das Radio und seine Mama singt zu den Hits der siebziger und achtziger Jahre.

Bei uns ist das leider anders. Wenn meine Mama Musik auflegt, die sie glücklich macht, muss ich so bescheuerte Opern wie *Die Entführung aus dem Serail*, *Così fan tutte* oder *Die Zauberflöte* hören.

Die Weiberhelden haben es ihr besonders angetan. Sie schwärmt zum Beispiel für den immer verliebten Cherubino, der in der *Hochzeit des Figaro* auftaucht, und natürlich für Don Giovanni, das etwas ältere Modell des Weiberhelden.

Wenn ich die Ouvertüren der Mozart-Opern bloß höre, hilft nur eines. Die Flucht! In etwa so, wie es dieser Prinz Tamino, dieses Weichei, in *Die Zauberflöte* vormacht, wenn er vor einer Schlange davonrennt. *Zu Hülfe, zu Hülfe sonst bin ich verloren!* Bei den ersten Tönen verschwinde ich zur Tür raus.

Gott sei Dank ist die Mama von meinem besten Freund Max so unkompliziert. Ihr macht es nichts aus, dass ich mindestens jeden zweiten Tag bei ihnen verbringe, nur weil ich nicht Herrn Mozarts Musik begegnen mag.

Von meinem Problem mit dieser schrecklichen Opernmusik weiß sie natürlich auch. Claudia, so heißt Max' Mama, hat ein großes Herz, und deshalb tröstet sie mich auch immer. Ihrer Meinung nach soll ich mich weiterhin in Ruhe und Gelassenheit üben und hoffen, dass meine Mama es sich vielleicht eines Tages anders überlegt und ganz andere wunderbare Musik entdeckt, Simply Red zum Beispiel. Bis dahin darf ich Max und sie natürlich jederzeit besuchen, hat sie gesagt.

Dumm nur, dass ich in den Ferien nicht flüchten kann. Die Ferien verbringt Max wie jedes Jahr bei seiner Oma an der Ostsee. Als mögliche Rettung fällt er damit aus. Und in Salzburg kenne ich mich wiederum nicht gut genug aus, um dort allein etwas unternehmen zu können.

Es bleibt mir wohl nichts anderes übrig, als mit Mama Mozarts Geburtshaus in der Getreidegasse zu besuchen. Wie alle Jahre wieder!

1. Kapitel
Beschreibt ein doofes Missgeschick und dessen Folgen

Wie in den Jahren zuvor, treibt Mama mich in einem Affenzahn durch Salzburg. Eben tragen wir noch unsere Koffer auf die Zimmer des Hotels, und gleich darauf nehmen wir am Bahnhof einen Bus, der uns dem Zentrum näher bringen soll.

An den Mirabellgärten steigen wir aus und laufen durch einen Park, in dem es von Menschen nur so wimmelt. Die Rosensträuche dienen Hochzeitspaaren als perfekte Kulisse. Hier treffen sich Fotografen und schon leicht beschwipste Hochzeitsgäste, um Fotos von den frisch Vermählten aufzunehmen.

Meine Mama bekommt schon wieder so einen verräterischen Blick. Ein Lächeln steht ihr ins Gesicht geschrieben und ich weiß, was sie gleich sagt.

Ich nehme ihr die Worte aus dem Mund. „Valentin, schau mal wie romantisch!" In meiner Stimme liegt Zucker. Ich liebe dieses Spiel zwischen uns, doch leider verfehlt mein Spruch seine Wirkung.

Mama hat Urlaub und nickt mir entspannt zu. „Mein kleiner Frauenversteher!", und da klebt auch schon ein dicker Kuss auf meiner Wange.

Wäre nicht nötig gewesen, Mama!

Bevor Mama etwas sagen kann, laufe ich den Weg entlang, wo sich die skurrilen Gnome versammeln.

„Lass uns zum Zwergerlgarten gehen!", schlage ich vor.

Ein Glück, dass es hier nicht so voll ist, wie im restlichen Teil des Gartens. Seit ich das erste Mal hier war, haben es mir diese Zwerge angetan. Ich mag sie, weil sie nicht so perfekt und geputzt daherkommen. Der eine schielt sogar ein bisschen!

Wäre ich allein hier, könnte ich noch stundenlang bleiben. Doch Mama klopft schon wieder nervös mit der Hand auf ihrem Bein herum. Ein untrügliches Zeichen für ihre Ungeduld. Also verabschiede ich mich mit einem „Tschüss, bis bald!", von den Zwergen.

Wir laufen an der Salzach entlang, überqueren den grünen Fluss und kommen dann am Alten Markt, der Residenz und am Dom vorbei.

Was machen bloß all diese Menschen hier? Ich fühle mich wie in einem Bienenstock. Überall um mich herum wimmelt es von Touristen, die an ihren Stadtplänen, Reiseführern und Fotoapparaten leicht zu erkennen sind. Der Sprachenwirrwarr summt mir in den Ohren.

Durch die Gassen fahren Kutschen oder Fiaker, wie man hier in Österreich sagt. Touristen aller Nationalitäten, Italiener, Engländer und Asiaten, verschlägt es in die Stadt, die von ihrem Nationalheiligen Mozart lebt.

Ein ganzes Kaufhaus widmet sich einzig und allein dem Komponisten. Von der Klopapierrolle bis zu einem BH, der beim Öffnen die *Kleine Nachtmusik* spielt, findet der Kaufwillige alles, was sein Herz begehrt.

An jeder Ecke werden Mozartkugeln verkauft. Eigentlich ha-

ben die mit Mozart gar nichts zu tun, er hat die Dinger nie gegessen, denn ein Konditor erfand sie erst lange nach seinem Tod.

Schließlich stehen wir unterhalb der Festung, von der uns rund 120 Höhenmeter trennen. Meinetwegen könnten wir jetzt in zwanzig Minuten den Weg nach oben erklimmen. Doch wie jedes Jahr zieht Mamas praktische Natur die Festungsbahn vor. Weil wir uns bestimmt nicht einigen, zieht sie einen Euro aus der Tasche.

„Kopf oder Zahl?"

„Kopf!" sage ich und werfe die Münze mit der rechten Hand hoch, fange sie wieder auf und lege sie in meiner linken Hand auf.

„Zahl! In 70 Sekunden sind wir oben."

Mama lacht und stellt sich an der Kasse an, um die Fahrscheine zu lösen.

Oben angelangt, laufen wir durch eine kleine Stadt des 11. Jahrhunderts, in der eine Kirche, ein Arbeitshaus, Wohntürme, ein Speisehaus und sogar eine Schule stehen. In der Mitte des äußeren Burghofs spendet eine 350 Jahre alte, ziemlich knorrige Linde Schatten.

Ob Mozart hier wohl auch schon gesessen hat? Wenn überhaupt, muss er zu Fuß hierher gelaufen sein, denn die Bahn gab es damals bestimmt noch nicht.

Zugegeben, der Blick von hier oben ist herrlich. Vor uns liegt Salzburg und um uns herum ragen die Berge auf.

Mama verzichtet auf die Abfahrt mit der Festungsbahn und wir laufen durch dichtes Grün nach unten in die Stadt.

Hoffentlich lässt sie's für heute bald gut sein, denke ich noch.

„So und jetzt in die Getreidegasse!", murmelt Mama.

Und genau darauf habe ich keine Lust! Weil ich von der ganzen Tour schon so platt bin, bringe ich nur ein klägliches „Muss das sein?" heraus.

„Dumme Frage, mein Schatz, deshalb sind wir doch hier! Lass uns jetzt noch einen schnellen Blick in das Geburtshaus werfen, bevor es für heute geschlossen wird. Morgen Vormittag haben wir dann alle Zeit dieser Welt, um uns alles noch einmal in Ruhe anzusehen."

Noch einmal, in Ruhe?

In einem Schaufenster liegt eine Uhr und ich entdecke, dass uns im Hause Mozart höchstens eine Dreiviertelstunde bleibt. Die vergeht hoffentlich schnell.

Aber warum besucht meine Mutter in jedem Sommer dieses Geburtshaus von Mozart? Schließlich hat das 18. Jahrhundert doch genügend andere bedeutende Persönlichkeiten hervorgebracht.

Keine Ahnung, woher Mama diese Energie nimmt.

Ich bin müde, mir tun die Füße weh und sie läuft in einem Tempo, dass es mir schwer fällt, ihr zu folgen. Erst als wir in die Getreidegasse gelangen, werden ihre Schritte etwas langsamer.

Ein Lächeln legt sich auf ihr Gesicht, als sie an der Fassade des Mozarthauses hochsieht. Sie nimmt mich an der Hand und schon sind wir im Gebäude.

Schnurstracks eilt Mama an die Kasse und stellt sich an. Dann dreht sie sich um. „Magst du auch eine Audio-Führung haben, Valentin?"

„Nee danke, lass mal, ich schaue mich so um", denn ich habe nicht vor, mir schon wieder alles anzuhören.

Wer schon einmal eine von diesen Audio-Führungen mitgemacht hat, weiß sicher, wovon ich rede. Meistens spricht eine trockene, ältliche Stimme auf einen ein und versucht, den Hörer mit unwichtigen Kleinigkeiten zu füttern. Jedes klitzekleine Detail muss erwähnt werden, bis sich der Zuhörer nach fast zwei Stunden Text ganz wehrlos fühlt.

Mama setzt sich zufrieden ihre Kopfhörer auf.

Für mich ist das nichts. In Ordnung, ich muss hier durch, aber ich laufe lieber in meinem Tempo.

Die Familie Mozart bewohnte seinerzeit das dritte Stockwerk. Leider stehen hier keine Möbel mehr. Neben vielen Bildern und Briefen sind in den Räumen vor allem alte Musikinstrumente aus Mozarts Zeit zu sehen. Auf manchen von ihnen hat er offenbar selber gespielt.

Vor mir steht eine etwas dickere Dame, die den Blick nicht mehr von einer kleinen Geige nehmen kann.

„Unglaublich, auf diesem Instrument hat er Geige spielen gelernt!", flüstert sie ihrem Mann zu.

Er wirkt nicht halb so begeistert wie sie und starrt gelangweilt auf das Instrument.

Ich ahne, was er denkt. Auch er hofft, dass das Museum bald schließt und er endlich hier raus kommt.

Ich gehe weiter. Wo Mama bloß steckt? Eben stand sie doch noch hier.

Ich gehe durch alle Räume und finde sie nicht. Die Treppe führt nach unten.

In der Wohnung der ersten Etage wohnten die Vermieter der Mozarts, die damals unten im Parterre einen eigenen Laden mit Gewürzwaren betrieben.

An allerlei Gepäck und einer Kutsche vorbei gelange ich im zweiten Raum in ein Schlafzimmer. Auf dem Bett steht ein Schild.

„Bitte nicht setzen!", steht darauf. Dann eben nicht. Vielleicht darf ich mich ja hinlegen? Wahrscheinlich ist das genauso verboten, aber ich bin hundemüde und habe mir an der linken Ferse längst eine Blase gelaufen. Ich würde einiges dafür geben, wenn wir doch schon wieder zurück in der Pension wären.

Hinter mir knarrt der alte Boden. Ich drehe mich um.

„Mama?"

Da scheppert etwas. Anscheinend bin ich mit dem Fuß an etwas gestoßen. Auch das noch! Der Nachttopf der Familie Mozart. Das Ding gehört doch unter das Bett!

Ob der wohl auch 250 Jahre alt ist? Ich schiebe ihn mit dem Fuß schnell wieder zurück unters Bett. Ein Glück, dass er leer ist. Ob die Mozarts früher wohl auch versehentlich an ihre vielleicht vollen Nachttöpfe gestoßen sind?

Aber da höre ich schon wieder dieses knarrende Geräusch, als würde direkt hinter mir jemand über die Dielen gehen.

Komisch ist das schon, und von Mama keine Spur. Vielleicht steckt sie ja doch oben, in der Küche?

Also noch einmal die Treppe hoch. In der alten Küche der Mozarts liegen Holzscheite in der Ecke. Mama Mozart hat offenbar am offenen Feuer gekocht. Ganz schön umständlich, zumal ich weiß, dass sie Mehlspeisen liebte.

Ich hätte jetzt auch Lust auf so einen Kaiserschmarrn mit ganz viel Rosinen und Puderzucker drüber. Am liebsten mag ich ihn mit Pflaumenkompott oder Zwetschgenröster, wie sie hier sagen. Mir läuft das Wasser im Mund zusammen.

Kann es sein, dass Mama mich den ganzen Tag durch die Stadt gejagt hat und wir seit dem Frühstück nichts gegessen haben? Auf einmal fühle ich mich ganz schwach und muss mich setzen.

Das Verbotsschild auf der Bank schubse ich erst mal runter. So! Das könnte ja auch der dicken Dame, die da vorhin neben mir stand, passiert sein. Und wenn hier nicht steht, dass ich mich nicht setzen darf, kann ich mich wohl setzen.

Ein Gong reißt mich aus den Gedanken.

„Verehrte Besucher, unser Museum schließt in wenigen Minuten. Bitte verlassen Sie jetzt das Geburtshaus Wolfgang Amadeus Mozarts. Wir danken Ihnen für Ihren Besuch und wünschen Ihnen noch einen schönen Abend. Auf Wiedersehen!"

Ja, auf Wiedersehen! Ich stehe auf und….

Aua, brummt mir der Schädel! Das gibt sicher eine Riesenbeule. Ich liege am Boden und um mich herum sehe ich lauter zerschlagenes Geschirr. Auch das noch! Über der Bank hängt ein kleines Regal und wahrscheinlich bin ich beim Aufstehen dran gestoßen.

Mir ist so schlecht und alles dreht sich.

Bloß nicht die Augen aufmachen! Plötzlich fühle ich eine kalte Hand auf meiner Stirn.

„Mama?"

„Nicht, dass ich wüsste!"

Mama klingt anders.

Vor mir steht ein blasser Junge in meinem Alter und schaut mir neugierig ins Gesicht.

„Du hast dir wohl den Kopf angehauen", sagt der Schlaumeier.

Mein Schädel brummt, als ich versuche mich aufzusetzen.

„Tut's sehr weh?"

Natürlich, was glaubt dieser Depp denn! Aber ich habe gelernt, mich tapfer zu geben.

„Geht schon", murmele ich.

Er streckt mir seine Hand entgegen und zieht mich hoch. Mir ist nach wie vor schwindlig, und so lasse ich mich wieder auf die Bank fallen.

Der Kerl sieht komisch aus, trägt dreiviertellange Hosen, ein Hemd mit Puffärmeln und darüber eine Weste. An den Füßen hat er Spangenschuhe mit silbernen Schnallen.

Aha! Der kommt von einem Kostümfest. Da hat ihn seine Mama wohl hübsch gemacht. Er sieht aus wie ein kleiner Mozart. Dass ihm das nicht zu blöd ist!

Er merkt wohl, dass ich ihn von oben bis unten mustere und setzt sich neben mich auf die Bank.

„Wie heißt du?", fragt er.

„Valentin, und du?"

Er denkt einen Augenblick nach, als hätte er seinen Namen vergessen. Dann sagt er, „Johannes!"

Das Licht geht aus.

Ich fasse es nicht. Haben die den Strom abgestellt? Mist! Ich kann nicht einmal meine Hand vor den Augen erkennen.

„Warte einen Augenblick, das haben wir gleich."

Johannes verschwindet und kehrt mit einer Kerze zurück.

Klasse, er scheint sich hier wenigstens auszukennen. „Wie spät ist es?", will ich wissen.

Mein Gegenüber sieht mich verblüfft an und zuckt die Schultern. „Keine Ahnung!"

Er zieht eine Taschenuhr aus seiner Westentasche, klappt sie auf und schaut sie an. Seine Stirn legt sich in Falten. Ungeduldig klopft er mit dem Gelenk seines Zeigefingers auf das Glas über dem Zifferblatt.

„Das Miststück steht schon wieder! Dabei habe ich sie erst vor ein paar Jahren aufgezogen! Hier, hör mal! Sie tickt nicht!"

Vor ein paar Jahren das letzte Mal aufgezogen! So ein Scherzkeks!

Ich nehme ihm die Uhr aus der Hand. Sie gefällt mir, ob sie wohl richtig alt ist? Ich halte sie mir ans Ohr. Sie tickt nicht. Aber was ist das denn? Ich schüttele ein wenig. Es ist eindeutig. Die Zahnräder klappern in der Uhr hin und her. Himmel! Das Ding ist eindeutig kaputt!

Johannes nimmt mir die Uhr wieder aus der Hand und lässt sie in seiner Westentasche verschwinden.

„Es wird wohl kurz nach halb acht sein. Eine halbe Stunde nach der Schließung des Hauses. Um diese Zeit macht die Dame von der Kasse, das Fräulein Kleinmayer, immer das Licht aus und schaltet die Alarmanlage an."

Kurz nach halb acht. Ich kann's nicht glauben. Während ich hier sitze und mich brav unterhalte, ist das Museum abgeschlossen worden, von einem Fräulein Kleinmayer.

„Ich muss hier raus!", und springe auf.

„Ausgeschlossen, es ist zu spät.", sagt der Schlaumeier neben mir.

„Kann ich hier telefonieren?", will ich wissen.

Der Mensch neben mir schaut mich entgeistert an.

„Du sitzt hier in der Küche der Mozarts, weißt du. Hier findest du sicher kein Telefon."

Es klingt ein bisschen seltsam, wie er Telefon sagt, so umständlich lang Tee-lee-foon. Diese komischen Österreicher!

„Hier muss es doch Büros geben, in denen telefoniert wird. Komm wir sehen unten nach!"

Irgendwo muss es doch ein Telefon geben!

„Unten ist alles abgeschlossen"

„Du meinst also, wir kommen hier nicht raus? Meine Mama sucht sicher nach mir. Deine wird sich auch Sorgen machen."

Johannes zieht die Schultern hoch und grinst. „Das glaube ich nicht. Sie ist schon vor vielen Jahren gestorben!"

Oh Mist, ein Fettnapf! Dann lebt der Gute sicher bei seinem Papa. „Komm schon, lass uns versuchen, hier schnell zu verschwinden. Zu Hause wartet dein Papa sicher mit dem Essen auf dich."

Sein Grinsen wird noch breiter. Ich finde den Kerl komisch und ich werde das Gefühl nicht los, dass er sich auf meine Kosten amüsiert.

„Schau", sagt er. „Es ist ganz einfach, mein Papa lebt auch nicht mehr. Gegessen habe ich schon seit über 200 Jahren nichts mehr, denn ich habe einfach keinen Hunger. Und nach Hause muss ich nicht gehen, denn ich wohne hier."

Ja sicher, er wohnt hier. Der Typ hat eindeutig einen an der Waffel. Deshalb brauche ich mich über seine Verkleidung auch nicht länger zu wundern. Der spinnt ganz einfach, hat seit über 200 Jahren nichts gegessen und lebt hier im Mozarthaus. Was für ein Quatsch!

Nichts wie weg hier! Ich will aufstehen.

Um ein Haar wäre ich wieder an das dämliche Regal gedonnert, wenn der Schlaumeier nicht seine Hand zwischen meinen Kopf und das Regal gestreckt hätte.

Er grinst schon wieder.

Ich stehe also noch einmal auf, gehe zum Fenster und überlege, wie viele Rippen ich mir breche, wenn ich den Sprung aus dem dritten Stock wage.

„Du, hör mal, Valentin, ich weiß ja nicht, was du vorhast. Aber eines ist klar, das Haus ist abgesperrt und auch aus den Fenstern kommst du nicht heraus, ohne dass der Alarm ausgelöst wird, und der lässt sich nur mit einem der beiden Generalschlüssel abstellen. Der eine liegt in der Tasche von Fräulein Kleinmayer. Den anderen führt der Museumsdirektor in seinem Jackett spazieren."

Wie doof! Dann bin ich wohl in dem verflixten Museum bis morgen früh mit diesem Kerl eingesperrt. Ich habe Hunger und Blasen an den Füßen und will hier raus.

„Ich habe dich vorhin angeschwindelt!", sagt der verkleidete Schlaumeier.

Ich werde gleich sauer. „Klar, du bist gar nicht über 200 Jahre alt, sondern viel älter und in Wirklichkeit der Nikolaus!" antworte ich ihm.

Er sieht geknickt aus und nickt.

„Hör zu, ich weiß nicht genau, warum ich so doof sein konnte, mir den Kopf an diesem dämlichen Regal zu stoßen. Aber eines weiß ich ganz sicher. Wenn ich diese Nacht hier mit dir verbringen muss, dann nicht, damit du durchgeknallter Typ mir auf die Nerven gehst. Also behalte deine Lügenmärchen gefälligst für dich. Ich muss nachdenken, du Heiliger Nikolaus!", platzt es aus mir heraus.

Er steht auf und verschwindet. Moment mal, ich muss mich verguckt haben. Eben war er doch noch da.

Wo ist der Depp? Ich schaue unter der Bank nach. Nichts. Kann das sein? Er saß doch hier, gleich neben mir und plötzlich ist er verschwunden.

Jetzt spinne ich, soviel ist klar. Oder leide ich an den Folgen des Schlages gegen meinen Schädel?

Besonders sympathisch war mir dieser Johannes zwar nicht, aber jetzt ärgert es mich noch viel mehr, dass er nicht mehr da ist.

Aus dem ersten Stockwerk höre ich ein Geräusch. Wegen der Kopfschmerzen laufe ich vorsichtig die Treppe runter und gelange wieder in die Wohnung von Mozarts Vermietern. Ich durchquere zwei Zimmer und bleibe im Türrahmen stehen.

Ich fasse es nicht. Er öffnet gerade einen Schrank, nimmt etwas heraus und schließt die Tür wieder.

Was soll das? Er weiß doch, dass er hier nichts anfassen soll. Es steht schließlich auf jedem Schild.

Aber wie gelangte er so mir nichts dir nichts von der Küche im dritten Stock in das Zimmer der ersten Etage?

Mein Magen knurrt und leider habe ich nicht einmal den Ansatz einer guten Idee. Warum nur kennt sich dieser Kerl hier so gut aus? Habe ich es hier mit einem eingeborenen Streber zu tun, der seine Freizeit damit verbringt, sich zu verkleiden? Ich bin wegen dieses dummen Missgeschicks hier. Aber was ist mit ihm? Was treibt er hier? Es ist doch nicht normal, sich an einem Freitagabend in einem geschlossenen Museum aufzuhalten. Warum um alles in der Welt versucht dieser Junge, der ungefähr acht Jahre alt sein muss, mir so viel Schwachsinn zu erzählen?

Ich höre, wie er im Nebenzimmer mit etwas Papier raschelt.

„Valentin, magst du so was?"

Er steht im Türrahmen und streckt mir eine Rolle Kekse entgegen. Das soll wohl ein Friedensangebot sein.

„Wo hast du die her?"

„Ich weiß, wo die Garderobenfrau ihre Kekse bunkert."

Die hat der Typ doch gerade aus dem Schreibtisch der Mozarts geholt. Ich kann's nicht glauben, wieso sollte die Garderobenfrau ihre Kekse im hochheiligen Mobiliar der Mozarts verstecken? Das hat doch alles keinen Sinn. Ich nehme mir einen Keks und beiße hinein.

„Ich erkläre es dir", sagt er. „Ich heiße nicht Johannes! Ich..."

Noch ehe er weitersprechen kann, unterbreche ich ihn: „Ja, und auch nicht Nikolaus! Entschuldigung, ich wollte nicht grob zu dir sein", und nehme mir noch ein Keks.

Er rutscht unruhig von einer Pobacke auf die andere und spricht auf einmal leise.

„Mein Name ist Johannes Chrysostomus Wolfgangus Theophilus Mozart und ich bin am 27. Jänner 1756 in Salzburg geboren."

Der Keks bleibt mir in der Kehle stecken und ich verschlucke mich. Er schaut mich bestürzt an und klopft mir etwas zu heftig auf den Rücken. Fast falle ich schon wieder von der Bank. Neben mir sitzt Wolfgang Amadeus Mozart.

2. Kapitel

Erzählt, wie Mozarts Eltern auf diesen verrückten Namen kamen, von dessen Umständlichkeit er nur wenig hält

Wahrscheinlich starre ich ihn an wie ein besoffenes Huhn. Ich bin sprachlos.

„Auch wenn du es nicht für möglich hältst. Ich bin es wirklich!"

„Du meinst, du bist Mozart, das Wunderkind, für das die ganze Welt schwärmt? Der Komponist der Kleinen Nachtmusik und vieler berühmter Opern?"

Er grinst und nickt. „Hast du schon einmal darüber nachgedacht, wie es ist, mit einem Bandwurm von Namen zurecht zu kommen?"

„Du meinst deine vier Vornamen?", frage ich.

„Genau. Weil ich am 27. Jänner auf die Welt gekommen bin, nannten mich meine Eltern nach dem Tagesheiligen Johannes Chrysostomus, einem Kirchenvater aus Konstantinopel. Als Zugabe erhielt ich noch den Wolfgang, den Namen, den ich als Kind am liebsten hörte. Der vierte und letzte Teil meines Namens ist da schon wieder verwunderlicher: Theophilus."

„Moment mal, wieso Theophil? Ich dachte, du heißt Amadeus."

Er grinst schon wieder. „Ja, schon.

Theophilus ist griechisch und als ich auf die Welt kam, war es irgendwie modern, den Kindern griechisch klingende Namen zu geben.

Außerdem hat mein Papa früher Philosophie und Theologie studiert. Aber nicht richtig, das sagt jedenfalls meine Mama, wenn sie ihn ärgern will. Er jedenfalls schaut dann immer ganz komisch und sagt, dass ihm die Musik immer wichtiger gewesen sei als die trockene Lehre."

„Jetzt hast du aber immer noch nicht gesagt, woher du deinen Amadeus-Namen hast."

„Stimmt", sagt er.

„Theophilus ist Griechisch und heißt Gottlieb. Es spricht für meinen Vater, der ein sehr gläubiger Mensch ist, dass er mich Theophil nennt.

Es hätte auch schlimmer kommen können. Das kann es ja immer. Stell dir mal das genaue Gegenteil vor, wenn ich beispielsweise Fürchtegott hieße. Das wäre doch schrecklich!"

Ich will ihm beipflichten, aber da redet er schon weiter.

„Ich kenne jedenfalls jemanden, der so heißt und eines weiß ich bestimmt, ich habe den lieben Gott lieber lieb als ihn zu fürchten. Und weil mir die alten Griechen nicht halb so lieb sind wie die alten Römer, habe ich schon in jungen Jahren beschlossen, dass ich mich später einmal Amadé nenne. Das heißt praktischerweise auch Gottlieb und klingt doch gleich viel freundlicher. In Frankreich lerne ich die Idee schätzen. Die Franzosen sagen Amadé zu mir, in Italien heiße ich für alle Welt Amadeo, und so bin ich den ungeliebten Theophil ein für alle mal losgeworden.

Meine Eltern und auch meine Schwester sagen Wolferl zu mir und für meine Freunde heiße ich Wolfgangerl."

„Aber auf den CDs, die man von deiner Musik kaufen kann, steht immer Wolfgang Amadeus Mozart."

„Ich weiß. Aber so nannte mich früher wirklich niemand. Wenn mich meine Schwester Nannerl ärgert, sagt sie immer, dass es mit den vielen Namen noch viel schlimmer hätte kommen können: ‚Stell dir vor, Wolferl, du wärst ein Mädchen, dann hießest du womöglich Johanna Chrysantheme!'"

Ich kapiere, was er meint.

„Wer heißt schon gerne so wie eine Blume? Wahrscheinlich finden das selbst Mädchen langweilig. Von Blumen erwarten doch sicher alle, dass sie sich immer gut benehmen und keinen Unsinn anstellen. Stell dir vor, du hättest ein ödes Leben als Mädchen führen müssen."

Er nickt mir zu. „Genau, du hast es erfasst, Valentin. Aus Nannerl konnte deshalb keine Komponistin werden, bloß weil sie ein Mädchen war. Und obwohl in uns sicher dieselben Talente schlummerten, musste meine Schwester zeitlebens Schüler unterrichten, um ein wenig Geld zu verdienen. Da trage ich meinen Bandwurm von Namen lieber als Mann und mit Fassung und versuche das Beste daraus zu machen.

Hässlich wird es nur, wenn Mama sauer auf mich ist. Um Dampf abzulassen, ruft sie meinen Namen in voller Länge. Dann weiß ich, dass es gleich brenzlig wird. Allein der Klang ihrer Stimme reicht aus, und ich weiß Bescheid.

Mit den beiden anderen macht sie es allerdings genauso. Wenn Mama schimpft, nennt sie meine Schwester Nannerl immer Maria Anna und meinen Papa auch nicht wie sonst Poldi, sondern Leopold. Das wirkt.

Hast du eigentlich Geschwister?"

Ich schüttele den Kopf. „Leider nicht!"

„Du Glückspilz! Da kann man dir nur gratulieren. Das mit meiner Schwester Nannerl ist nämlich nicht immer so einfach, denn immerhin hat sie einen Vorsprung von viereinhalb Jahren."

Ich kapiere nicht, was er meint.

„Wieso Vorsprung?", frage ich ihn.

„Weil sie doch viereinhalb Jahre älter ist, kann sie natürlich vor mir Klavier und Geige spielen. Das hat mich schon sehr geärgert, als ich noch kleiner war.

Wenn du keine Geschwister hast, weißt du gar nicht wie das ist, wenn einen ständig jemand ärgert. Ich hätte schon noch gerne einen Bruder zum Spielen oder Raufen oder wenigstens eine jüngere Schwester, der ausnahmsweise einmal ich irgendetwas beibringen könnte. Das wäre alles halb so schlimm wie mit Nannerl.

Wer eine ältere Schwester hat, weiß wovon ich rede. Ewig weiß sie alles besser, darf viel mehr als ich selbst und Recht hat sie auch immer und sowieso, weil sie eben älter ist.

Mama sagt allerdings immer, dass ich dem lieben Gott wegen Nannerl dankbar sein müsste. Schließlich sind fünf meiner Geschwister ganz früh gestorben. Das finde ich natürlich auch traurig, aber wenn mich Nannerl ärgert, würde ich sie am liebsten zum Teufel jagen, lieber Gott hin oder her."

Mich beschäftigt im Moment ein ganz anderer Gedanke. Wieso unterhält sich der Geist Wolfgang Amadeus Mozarts überhaupt mit mir?

„Was machst du hier eigentlich?", frage ich ihn.

„Na, was wohl? Ich wundere mich jeden Tag über die vielen Besucher, die mein Geburtshaus besuchen und auf der Suche nach irgendetwas sind, das sie nicht finden."

„Was meinst du?", frage ich.

„Schau Valentin, es ist doch ganz einfach. Jeder, der herkommt, ist auf der Suche nach dem großen Geist von Mozart. Ich schaue mir jeden Besucher ganz genau an. Aber nur selten ist jemand hier, der sich wirklich für mich interessiert."

Ich fühle mich ertappt, schließlich bin ich auch nicht freiwillig hierher gekommen.

„Die Leute kommen her und sehen sich meine alten Instrumente an. Unten bewundern sie die Möbel und fragen sich, wie mein Vater es wohl geschafft hat, ein Wunderkind aus mir zu machen. Sie schauen auf die Bilder, die zeitgenössische Maler von mir gemacht haben. Wenn ich jemanden sehe, der mir interessant aussieht, zwinkere ich ihm mit dem rechten Auge zu."

„Wieso mit dem rechten Auge?"

„Weil ich mit links nicht zwinkern kann, ohne dass sich mein ganzes Gesicht verzieht und das sieht komisch aus. Außerdem habe ich Angst, dass dann die Farbe irgendwann von dem Bild bröckelt wegen der vielen Falten, die in meinem Gesicht zu sehen sind, wenn ich mit dem linken Auge zwinkere. Schau, sieht doch komisch aus."

„Und dann?", will ich wissen.

„Nichts. Leider übersehen die meisten diesen Augenblick. Das erste Mal, dass ich mich hier auf der Bank mit einem Besucher unterhielt, ist schon irrsinnig lange her. Mindestens 123 Jahre! Schade, die Frau kam nicht wieder, nachdem wir eine ganze Nacht lang miteinander geplaudert haben. Mit einer anderen habe ich mich vor ein paar Jahren allerdings prächtig verstanden.

Eine ganze Nacht lang erzählte ich ihr von meinen wichtigsten Opern. Sie konnte gar nicht genug davon hören. Am nächsten Morgen saßen wir Hand in Hand auf dieser Bank. Ich glaube, dass sie ziemlich traurig war, als das Museum öffnete und ich wieder verschwinden musste.

Aber die meisten Touristen, die hierher kommen, absolvieren so eine Art Pflichtprogramm und haben in der halben Stunde, die sie hier verbringen, kaum etwas gesehen. Sie verlassen das Haus, kaufen an der Ecke da vorne Postkarten und diese komischen Pralinen."

„Du meinst Mozartkugeln?", frage ich neugierig.

Amadeus nickt. „Zu meiner Zeit gab es die noch nicht, sonst hätte ich sie probiert, da kannst du sicher sein. Leider habe ich ja, wie ich vorhin schon sagte, vor mehr als 200 Jahren aufgehört zu essen."

Ein Leben ganz ohne Süßigkeiten? Ich kann mir kaum vorstellen, dass es damals nicht irgendwelche Leckereien gab.

„Sag mal, Amadeus, weißt du, wie Bonbons schmecken?"

Er lacht.

„Ja sicher, was glaubst du denn? Manchmal kocht meine Mama vor Wut, wenn sie entdeckt, dass ich mal wieder heimlich ihren Zucker gestohlen habe. Zucker ist nämlich so teuer, dass wir ihn uns nur selten leisten können. Andererseits muss ich immer ein bisschen davon abzweigen, wenn wir gerade welchen im Haus haben.

Unter uns, im zweiten Stock, wohnt eine alte Dame, die Leni. Bei der ist es zwar nicht ganz so sauber wie bei uns, aber sehr gemütlich und wenn ich Leni Zucker mitbringe, macht sie uns in einem alten Topf ganz wunderbare Bonbons daraus und nennt sie Karamellen."

„Was, bitte schön, ist denn der Unterschied zwischen Bonbons und Karamellen?"

„Das habe ich Leni auch gefragt. Sie sagt, dass das ganz einfach sei: Bonbons schmecken den französischen Kindern und die Karamellen den italienischen, so einfach sei das, und während sie es mir erklärt schiebt sie sich noch ein ganz dickes Bonbon in den Mund.

Dass ich ab und zu den Zucker aus der Dose stehle, ist übrigens mein Geheimnis. Ich habe unter meinem Bett ein Kästchen stehen und da fülle ich den Zucker immer ein, bis es halb voll ist. Das reicht dann für ein richtiges kleines Bonbon-Fest mit der Leni."

Woran liegt es, dass Amadeus seit 200 Jahren nichts mehr gegessen hat, überlege ich. „Sag mal, hast du denn in den letzten Jahren nie Hunger gehabt?"

Er schüttelt den Kopf. „Essen ist mir nicht so wichtig, weißt du, schließlich bin ich doch ein Geist. Da muss etwas schon sehr lecker sein, bevor ich heute davon koste."

3. Kapitel
Erzählt davon, dass Amadeus wie jedes Kind am liebsten spielt und wie Mozarts Papa entdeckt, dass man der Welt die musikalischen Geschwister nicht vorenthalten darf

Amadeus scheint mir ganz normal zu sein, keine Spur von Starallüren oder ähnlichem. Noch vor einer halben Stunde war ich sicher, einen verrückten Schlaumeier neben mir sitzen zu haben. „Warum halten dich viele Menschen eigentlich für ein Wunderkind? Selbst meine Mama, die eigentlich nicht ganz so zart besaitet ist, bekommt Tränen der Rührung in die Augen, wenn sie deiner Musik lauscht."

Er zuckt mit den Schultern und überlegt einen Augenblick. „Ich weiß nicht so recht. Das war von Anfang an komisch, weißt du. Manche in meinem Umfeld glaubten, dass ich kein richtiges Kind sei, sondern ein Wunderkind, aber das ist natürlich Quatsch. Wie jedes richtige Kind verbringe auch ich den Tag am liebsten mit Spielen. Allerdings finde ich die Holzpferdchen und das alte Puppentheater von Nannerl langweilig. Viel interessanter scheinen mir da schon die vielen Instrumente zu sein. Schließlich kann ich ihnen immer neue Töne entlocken, das ist doch spannender als so ein Holzpferd.

Außerdem liebe ich es, dass Nannerl manchmal nicht da ist und mir ihr Klavier überlässt. Sie bekam es geschenkt, als ich vier war und seit es bei uns steht, liebe ich es wegen seiner vielen Töne, die so wunderbar klingen, wenn man sie anschlägt. Es hat viele schwarze Tasten und dazwischen ein paar weiße für die Halbtöne."

„Das Klavier ist dein Lieblingsspielzeug?"

„Genau, am liebsten sitze ich hier und erfinde Musik. Damit habe ich schon ganz früh angefangen. Als ich vier Jahre alt war, merkte ich, wie wunderbar Terzen klingen. Ich konnte gar nicht aufhören immer neue Intervalle zu suchen. Kurze Zeit später komponierte ich schon einige kleine Lieder und sogar Menuette."

„Echt? Hast du dir die Noten aufgeschrieben?", will ich wissen.

Er schüttelt den Kopf. „Naa, zuerst nicht, denn ich konnte ja noch nicht schreiben. Außerdem war mir das mit den Noten auch zu umständlich, weil es mich Zeit gekostet hätte, die ich über dem Notenpapier hätte verbringen müssen. Und mein erster Versuch, das gerade Gespielte zu notieren, endete mit einer Sauerei."

„Verstehe ich nicht. Wie meinst du das jetzt? Du meinst doch keine musikalische Sauerei?", will ich wissen.

„Nein, ich habe einen ganzen Nachmittag am Klavier verbracht

Kompositionsversuche Wolfgangs im Notenheft seiner Schwester (1764)

und möchte das, was ich da eben gespielt hatte, auf Papier festhalten, um es meinem Papa zu schenken. Also nehme ich mir ein paar Bögen Notenpapier, das Tintenfässchen und die Feder von seinem Schreibtisch, und beginne das Ganze zu notieren.

Leider kann ich mit der Feder noch nicht so gut umgehen und habe keine Ahnung, dass man immer nur die Spitze von ihr vorsichtig eintaucht. Also gelangen neben den Noten, die ich aufschreibe, unglaublich viele Tintenflecken auf das Papier. Weil sie mein schönes Werk verunstalten, wische ich sie mit dem Ärmel weg.

Als mein Papa mit seinem Freund dem Hoftrompeter Johann Andreas Schachtner nach Hause kommt, zeige ich ihm voller Stolz meine Arbeit. Mein Papa nimmt die Blätter an sich und lacht. ‚Was ist das denn?'

‚Ein Konzert!', antworte ich selbstbewusst. ‚Was denn sonst, Papa?

Er staunt nicht schlecht. Und nachdem er sich über das unsaubere Schriftbild gewundert hat, bemerkt er, dass das Ganze spielbar ist und auch noch gut klingt."

„Und wie wird man nun Komponist?"

Amadeus zieht die Augenbrauen hoch und sieht ratlos aus.

„Keine Ahnung! Wenn du von mir eine Art Anleitung erwartest, muss ich passen. Ich habe Spaß an der Musik seit ich denken kann. Natürlich hatte ich perfekte Voraussetzungen, da mein Vater ja auch als Musiker und Komponist arbeitet. Jedes Kind, das in einem Musiker-Haushalt aufwächst, kennt das. Du siehst deine Geschwister oder Eltern Musik machen und kannst gar nicht anders, als es selbst ebenfalls zu versuchen.

Schon als ich noch ganz klein war, sprang ich meinem Papa abends immer auf den Schoß und zog ihn an den Ohren, bis er das Lied sang, das ich ihm beigebracht habe."

„Wie alt warst du da?", will ich wissen.

„Das weiß ich nicht mehr, ganz klein auf jeden Fall, vielleicht drei Jahre alt. Das Lied hieß *Oragna figata fa marina gamina fa*, ich hab's für meinen Papa komponiert. Der Text macht keinen Sinn, denn die Sprache dafür habe ich mir ausgedacht. Aber es klingt doch sehr lustig. Ein bisschen wie Italienisch, finde ich.

Als ich ein bisschen älter bin, spiele ich die Stücke aus Nannerls Notenbüchlein. Vater hat ihr das Büchlein zum Üben geschenkt. Und irgendwann beginne ich, genau diese Stücke ebenfalls zu spielen.

Das ist gar nicht schwer. Im Gegenteil, die Großen wundern sich zwar manchmal ein bisschen, wie schnell ich neue Stücke lerne. Doch daran ist gar nichts verwunderlich oder komisch, denn ich lerne ja nicht, sondern ich spiele.

Einmal erlaube ich mir einen fetten Scherz mit Nannerl. Ich schnappe mir das Notenbüchlein und beschäftige mich fünf Abende lang damit. Aber dann ist es vollbracht."

„Was hast du denn damit gemacht? Die Stücke konntest du doch alle schon spielen?", will ich wissen. Er grinst mich wieder an.

„Ich habe das ganze Notenbüchlein abgeschrieben. Schön blöd, wirst du vielleicht denken. Aber es hat mir einen Riesenspaß gemacht. Ich habe nämlich kleine Fehler eingebaut und die Noten nicht richtig kopiert.

Stell dir vor, wie es klingt, wenn Nannerl vielleicht statt einer Terz eine Quint spielt. Herrlich schräg! Dann traue ich mich mehr und schreibe Etliches um und lege das Notenbüchlein wieder zurück, als wäre es niemals weg gewesen.

Ich kann es kaum erwarten, bis Nannerl die nun falschen Noten aufschlägt und mit dem Klavierspiel beginnt.

Nannerl starrt die ganze Zeit auf die Noten und traut weder ihren Augen noch den Ohren.

Stell dir meinen Vater vor. Er läuft empört aus der Stube nebenan, wo er gerade eben noch einen Schüler mit seiner Geige unterrichtet hat. Besorgt fragt er, ob sich Nannerl nicht wohl fühle. Ihr Klavierspiel klinge nämlich höchst verstimmt.

Sie zeigt ihm das Büchlein, und er staunt nicht schlecht. Er erkennt sofort, was ich mit den Noten alles angestellt habe und lacht.

Nur Nannerl schmollt noch ein wenig.

Um mich mit ihr zu versöhnen, zeige ich ihr das letzte Stück. Da ist mir eine ganz lustige Variation auf ein Lied gelungen, das sonst immer ein bisschen traurig klingt. Nannerl will gar nicht glauben, was man aus dem etwas langweiligen Stück alles machen kann und verzeiht mir meinen Unsinn. Und nachdem ich ihr das alte Büchlein zurückgegeben habe, lacht sie endlich.

Das alte Büchlein ist ja im Übrigen unversehrt geblieben.

Schon sehr früh habe ich gemerkt, dass ich am liebsten spätabends musiziere. Was meine Mama immer sehr ärgert, denn sie ist der Meinung, dass Kinder früh ins Bett gehören. Acht Uhr und die Augen zu, das wäre ihr nur allzu Recht gewesen."

Ich verstehe Amadeus. Es ist immer dasselbe.

„Mütter! Meine stresst abends auch immer. Besonders gerne hält sie dann den Vortrag, dass Kinder, die nicht ausreichend schlafen, krank werden. Keine Ahnung, ob das stimmt. Es nervt jedenfalls. Die besten Bücher lese ich immer heimlich und wenn nötig mit der Taschenlampe unter der Bettdecke!"

„Mit einer Taschenlampe?"

Amadeus sieht ein bisschen irritiert aus.

„Im Gegensatz zu Mama halte ich vom frühen Schlaf herzlich wenig. Denn die feinste Musik fällt mir immer zur Schlafengehenzeit ein.

Manchmal bin ich dann zwar schon ein bisschen müde, aber die Töne in mir eben noch nicht! Jedenfalls sprudeln sie immer dann am besten hervor, wenn Mama mich gerne im Bett wüsste.

Mein Papa hat es irgendwann begriffen und schimpft abends nicht mehr so sehr. Ihn überzeuge ich mit meiner Musik und auch bei Mama trägt meine Erziehung irgendwann Früchte und sie gibt auf, mich früh ins Bett schicken zu wollen."

Ich finde es merkwürdig, dass Amadeus gerne übt. Das muss er mir jetzt erklären.

„Du musst doch gemerkt haben, dass andere Kinder sich mit anderen Dingen beschäftigen, wenn sie spielen?"

Die Frage muss sein, auch wenn sie vielleicht albern klingt. Schließlich übt man lange, bevor ein Instrument so klingt, dass einem nicht immer die Ohren weh tun.

„Natürlich weiß ich, dass andere Kinder lieber mit ihren Holzpferden spielen. Mein bester Freund Kajetan zum Beispiel. Er ist neun Jahre älter als ich und wohnt zwei Etagen unter uns. Er vererbt mir seine Holzpferdchen, die mich im Gegensatz zu ihm aber langweilen.

Trotzdem kann ich Kajetan gut leiden. Weil er einfach ein echter Pfundskerl ist und meine Musik mag.

Manchmal gehen wir zusammen spazieren und dann singe ich ihm immer kleine Lieder vor.

Wenn ich keine Lust mehr habe, spielen wir Fangen oder sammeln am Weg Kieselsteine. Kennst du Steinchenwerfen?"

„Du wirfst flache Steine über den See und lässt sie hüpfen?"

„Das geht auch. Aber ich meine etwas anderes! Hast du vielleicht Steinchen in der Hosentasche? Für den Anfang müssten sieben Stück vollkommen reichen!"

Steine? Ich schüttele den Kopf.

„Tut mir leid. Ich habe keinen einzigen Stein bei mir."

Amadeus sieht mich mit Bedauern an, geht wieder zum Schrank, holt eine alte Blechschachtel heraus und öffnet den Deckel.

„Hier, schau mal. Sind die nicht toll?"

Eine Schachtel voller fast runder Kieselsteine. Sie haben wahrscheinlich alle in etwa einen Durchmesser von eineinhalb Zentimeter.

„Sind die schön!", sage ich anerkennend.

„Ich habe sie von meinen Reisen mitgebracht. Den roten hier habe ich in London gefunden."

Amadeus zieht an meinem Arm.

„Komm, ich zeige dir, wie man damit spielt", sagt er und kniet sich auf den Boden.

„Du legst zunächst alle Steine auf den Boden. Dann wirfst du erst einen hoch und während der Stein fliegt, schnappst du dir schnell einen zweiten Stein. Dann wirfst du die beiden wieder hoch und greifst dir den nächsten und immer so fort. Wenn du einen Stein fallen lässt, bin ich dran. Wollen wir?"

Ich versuche mein Glück und werfe ein Steinchen hoch und greife nach dem zweiten.

Ach, herrje, bin ich ungeschickt! Das ist gar nicht so einfach. Mit zwei Steinen geht es ja noch, aber jeder weitere macht das Spiel schwieriger. Ich muss mich ganz schön konzentrieren, damit es klappt.

Amadeus lacht.

„Dafür, dass du es zum ersten Mal spielst, stellst du dich gar nicht doof an. Aber ein wenig üben solltest du noch. Da, die schenke ich dir."

Er steht auf und legt mir sechs Steine in die Hand. In meiner Hand halte ich neben fünf normal aussehenden Kieselsteinen auch den roten Stein aus London.

„Danke schön!"

Von seiner Großzügigkeit beeindruckt und lasse die Steine in meiner Hosentasche verschwinden.

Das Spiel werde ich sofort mit Max üben, wenn ich wieder zu Hause bin.

4. Kapitel
Erzählt, wie Mozarts Eltern beschließen, mit ihren Kindern zu reisen

Mein Vater Leopold ist ein berühmter Geiger am Hof des Salzburger Fürsterzbischofs. Geboren wurde er in Augsburg, ganz in der Nähe von München. Sein Papa war Buchbinder, und dessen Vorfahren waren Maurer.

Musik war das Beste, was meinem Papa passieren konnte. Das behauptet er jedenfalls immer. Als Kind sang er nämlich im Augsburger Dom im Knabenchor, und dort wurde er auch entdeckt. Ein Mönch wurde auf ihn aufmerksam und finanzierte seinen Musikunterricht. Als mein Papa älter war, sollte er in Salzburg Theologie und Philosophie studieren. Aber irgendetwas lief da schief. Jedenfalls warfen sie ihn wegen Studienbummelei von der Universität.

Wolfgangs Vater Leopold, Bleistiftzeichnung von Franz Lactanz Graf Firmian (?), um 1762

Sehr traurig scheint er nicht gewesen zu sein, denn in der Zwischenzeit hatte er längst bemerkt, dass ihm die Musik über alles geht."

Ich wundere mich ein wenig. Ebenso gut hätte Vater Leopold doch auch nach München gehen können. „Er hat also wegen des Studiums Deutschland verlassen müssen?", frage ich Amadeus.

„Nein, er hat Deutschland doch gar nicht verlassen. Salzburg gehört damals noch zu Bayern. Deutschland ist in viele kleine Fürstentümer aufgeteilt und in Salzburg regiert ein Fürsterzbischof im Namen des Heiligen Römischen Reiches Deutscher Nation. Erst 20 Jahre nach meinem Tod wird Salzburg ein Teil des österreichischen Kaiserreichs.

„Moment mal, das heißt ja, dass du selbst, wenn du in Salzburg geboren bist, kein Österreicher, sondern Deutscher bist."

„Stimmt! Richtig beobachtet!" Amadeus nickt. „Aber weißt du, es ist mir nie wirklich wichtig gewesen, ob ich nun Deutscher oder Österreicher bin. Ebenso gut hätte ich auch als Franzose, Italiener oder Chinese auf die Welt kommen können. Trotzdem hätte ich mein Leben mit Musik verbracht.

Ich war vier Jahre alt, als ich mich in Papas Geige verliebte. Leider konnte ich ihn nicht dazu bringen, mir das Violinspiel beizubringen, weil er mich noch zu jung dafür hielt."

„Aber warum denn? Dein Vater kann doch wahrscheinlich kaum etwas so gut, wie auf der Geige spielen?"

Amadeus nickt zustimmend. „Ja, natürlich hast du Recht. Aber die Geige ist eben sein Instrument. Meine Schwester lernt Klavier zu spielen und singt ganz ordentlich. Jedenfalls so schön, dass man sich nicht die ganze Zeit die Ohren zuhalten muss.

Zwei Stockwerke unter uns wohnt doch die Familie von meinem Freund Kajetan Hagenauer. Deren Hausmädchen singt meistens beim Aufräumen. Und das klingt so furchtbar schief, dass du's nur erträgst, wenn du dir die Ohren zuhältst. Wenn meine Schwester singt, klingt das im Gegensatz dazu herrlich!

Eines Tages erwartet mein Vater Besuch von seinen Freunden Wentzl und Schachtner. Letzteren mag ich besonders, denn er spielt als Hoftrompeter im Orchester meines Vaters. Die beiden besuchen uns regelmäßig und machen gemeinsam mit Vater Musik.

In diesem Trio spielt er dann meist mit der Bratsche die tiefe Stimme, Onkel Wentzl die erste Geige und Andreas Schachtner die zweite Geige.

Weil ich weiß, dass Vater mir niemals seine Geige überließe, frage ich Andreas Schachtner, ob er mich nicht die zweite Geige spielen lässt. Schließlich kann das nicht zu schwer sein, immerhin habe ich meinen Vater beim Spielen schon so oft beobachtet.

Während Andreas bereit ist, mir seine Geige einen Augenblick lang zu auszuleihen, wird mein Vater langsam ungeduldig.

‚Wenn du nicht augenblicklich ruhig bist und unserer Musik zuhörst, musst du das Zimmer verlassen', bekomme ich von ihm zu hören.

Ich bin traurig und zornig zugleich. Es kann doch nicht sein, dass er mich hier rauswirft, Valentin.

Ich spüre, wie mir langsam Tränen in die Augen steigen und schon ist es passiert. Ich heule, was das Zeug hält.

Aus purer Verlegenheit, weil es ihm peinlich ist, dass ich vor seinen Freunden in Tränen ausbreche, gibt mein Vater dann doch nach. ‚In Ordnung Amadeus, ich gebe dir meine Geige und du spielst leise mit Andreas. Ich möchte aber keinen schiefen Ton hören.'

Das hat er dann auch nicht. Ich war unglaublich stolz, als mir Papa zum ersten Mal seine Geige gab. Leise beginne ich zu spielen und höre erst auf, als ich merke, dass nun mein Papa weint.

Erschrocken frage ich ihn, was los ist. Da wischt er sich die Tränen von der Wange und entschuldigt sich bei mir für seine Ungeduld. Niemals hätte er geglaubt, dass ich mit vier Jahren bereits Geige spielen könnte.

Kurze Zeit später schenkte er mir dann meine erste Violine, die da vorne in der Vitrine ausgestellt wird."

„Was hat deinen Papa eigentlich so berühmt gemacht, Amadeus?", will ich wissen.

„Im selben Jahr, in dem ich auf die Welt gekommen bin, veröffentlichte Vater ein Buch, das unter dem Namen *Versuch einer gründlichen Violinschule* verkauft wird. Es ist das erste in dieser Art. Darin bringt er Kindern und Erwachsenen bei, wie sie richtig Geige spielen. Nichts anderes versucht er tagtäglich mit seinen Schülern. Weil diese aber nicht alle gleich talentiert sind, entsteht dieses Büchlein. Damit können sie fortan auch allein zu Hause üben.

Ein weiterer Grund für seine Berühmtheit hängt mit seiner Stellung als Vizekapellmeister am Hof zusammen. Immerhin hat er es im fürstlichen Orchester bis zum Vizekapellmeister geschafft."

„Dann spielt er aber immer nur die zweite Geige, stimmt's? Ärgert ihn das nicht?", will ich wissen.

Amadeus nickt.

„Schon möglich, dass es ihn wurmt, nicht als Hofkapellmeister beschäftigt zu sein, denn ein Kapellmeister nimmt in einem Orchester ja immer den höchsten Platz ein.

Aber obwohl mein Papa schon seit 1744 in der salzburgisch-fürsterzbischöflichen Hofkapelle gearbeitet hat, bleibt er doch Zeit seines Lebens der Vizekapellmeister dieses Orchesters. Er spielte bereits unter einigen Kapellmeistern und wenn er einen schlechten Tag hat, ist er sauer, weil es ihm immer noch nicht gelingt, den höchsten musikalischen Rang der Hofkapelle zu besetzen.

Komm, ich hab da eine Idee, ich zeige dir ein Bild von ihm."

Der Scherzkeks! Das ganze Haus hängt doch voller Portraits, ich weiß doch wie Leopold ausgesehen hat. Aber ich will nicht so fies sein und das Angebot ausschlagen.

„Du kannst mir die Bilder gerne zeigen. Aber ich habe vorhin schon einige bewundert."

„Hast du eine Ahnung! Als ich klein war, hatten meine Eltern nicht genug Geld, um sich eine gute Portraitmaler leisten zu können. Erst Jahre später, als es meinen Eltern durch die Musik, die Nannerl und ich machen, finanziell ein bisschen besser geht, können sie Bilder von uns in Auftrag geben. Allerdings taucht ein ganz neues Problem auf."

„Welches denn?"

„Na, wir müssen still sitzen! Das Malen eines Portraits geht doch nicht ganz so schnell vonstatten. Wir sitzen oft Tage in der immer gleichen Position am Klavier und tun so, als würden wir Musik machen. Oft sind wir von den Ergebnissen der Maler alles andere als beglückt. Sie neigen nämlich zur Übertreibung."

„Was meinst du?", will ich wissen.

„Schau dir die Bilder hier in dem Haus einmal genauer an und dann vergleichst du sie mit mir. Fällt dir was auf?"

Na klar, das hätte ich auch früher bemerken können. Seine Nase ist in echt nicht halb so knollig und groß wie auf den Portraits.

„Deine Nase!"

„Genau das ist beispielsweise ein Grund, weshalb ich die Bilder nicht besonders mag. Die Maler haben bei ihrer Arbeit gepfuscht. Ich würde was dafür geben, ein ordentliches Bild von mir hängen zu sehen."

„Lass dich doch fotografieren! Und schon könnte alle Welt endlich sehen, wie du in Wirklichkeit aussiehst!", schlage ich vor.

Er schüttelt den Kopf.

„Das geht nicht. Hast du dir schon mal überlegt, was auf dem Bild wäre, wenn du einen Geist fotografierst?"

„Nichts", stelle ich resigniert fest.

„Eben! Mach dir nichts draus, Valentin. Im Laufe der Jahre habe ich mich sowieso an die komischen Bilder hier gewöhnt."

So schnell will ich aber nicht aufgeben.

„Ich habe eine Idee. Du könntest sie doch ummalen!", schlage ich ihm vor.

„Wunderbare Idee – und mit den Pinseln die Alarmanlage auslösen? Nein, das lass mal lieber sein!

Komm, ich zeig dir das Bild, auf dem mein Papa aussieht wie in echt. Und hier dieser Kupferstich zeigt Nannerl und mich. Du musst es dir in Ruhe ansehen und dann schau dir mal die Portraits des Italieners Pietro Antonio Lorenzoni an."

„Warum steht denn da ein Fragezeichen hinter dem Namen des Malers?", frage ich neugierig.

„Weil die Nachwelt nicht sicher ist, ob die Ölbilder wirklich von ihm gemalt wurden. Wenn du diese Bilder aber mal mit dem Kupferstich da drüben vergleichst, wirst du sehen, dass wir darauf ganz anders gemalt wurden."

Er hat Recht. Die Kinder auf den Ölbildern sehen wirklich ganz anders aus als die beiden auf dem Kupferstich.

Er zeigt auf die beiden Ölbilder. „Ein paar Wochen bevor dieses Ölgemälde entstanden ist, entdecken Nannerl und ich etwas Tolles.

Immer wieder muss ich mich mit Nannerl um das Klavier streiten. Sie will einfach nicht vom Bänkchen verschwinden, obwohl man darauf zu zweit kaum Platz hat.

Leider bekommt Mama unseren Streit mit und weil Nannerl schon vor mir spielte, ist sie der Meinung, dass ich warten soll.

Kommt gar nicht in Frage, denke ich. Schließlich tanzt in meinem Kopf gerade eine wunderbare Melodie, die ich jetzt sofort und auf gar keinen Fall später laut hören muss. Also quetsche ich mich zu Nannerl auf das Bänkchen. Sie protestiert und rückt keinen Millimeter weiter.

Da greife ich beherzt in die Tasten, sie zögert einen Augenblick, hört sich die wirklich geniale Melodie an und spielt dann ein paar dazu passende Akkorde. Wir sind über das Gehörte derartig verblüfft, dass wir es fortan nur noch so machen. Einer von uns beiden haut in die Tasten und denkt sich etwas Lustiges aus, und der andere spielt die Begleitung.

Und ich lerne in diesem Zusammenhang etwas Neues: Manchmal sind große Schwestern-Ziegen sogar zu etwas gut!

Meinem Herrn Papa steigen jedenfalls Tränen in die Augen, als er uns das erste Mal gemeinsam an einem Klavier spielen sieht.

Heute mag das Klavierspiel mit vier Händen für euch ganz normal sein, damals revolutionierten wir damit die Musikwelt."

„Moment einmal, das verstehe ich nicht. Ihr habt eine Revolution betrieben, du und deine Schwester? Aber ihr seid doch noch Kinder gewesen?"

„Das stimmt", antwortet er lachend. „Ich war damals sechs und Nannerl zehneinhalb Jahre alt, als mein Papa meine Frau Mama davon überzeugt, dass wir uns der Welt zeigen müssen. Er entwickelt einen Plan, in dem es darum geht, der Öffentlichkeit unsere virtuosen Leistungen vorzuführen."

„Wieso?", will ich wissen. „Reicht es ihm nicht, dass ihr zu Hause spielt? Will er etwa Kapital aus euch schlagen, Geld mit euch machen?"

Amadeus sieht nachdenklich aus. „Nein, sicher nicht. Mein Vater ist ein sehr gläubiger Mensch. Er ist davon überzeugt, dass er mit uns ein Geschenk Gottes vor sich hat. Zwei Kinder, die in einer Weise Musik machen, die alles bereits Gehörte in den Schatten stellt.

Wir verdienen auf den Konzerten zwar etwas Geld, doch das Reisen ist kostspielig und muss finanziert werden. Reich werden wir durch die Musik jedenfalls nicht.

Der Plan ist einfach: Der musikalischen Welt soll Hören und Sehen vergehen und sie soll natürlich an seinem Glück teilhaben dürfen.

Von vorn herein ist klar, dass uns unsere erste Reise in Orte führen soll, die nicht allzu fern liegen. Vater hofft auf ein gut zahlendes Publikum. Also fahren wir nach München.

Meine Frau Mama beschäftigt sich einige Tage mit dem Packen. An Kleider muss natürlich gedacht werden, schließlich sollen wir bei unseren Auftritten vor dem Publikum ordentlich aussehen. Die Noten dürfen nicht vergessen werden und ebenso wenig das Papier. Denn Vater will während seiner Abwesenheit Briefe an seine Freunde zu Hause schreiben.

Und noch etwas muss unbedingt mit ins Gepäck: die Reiseapotheke. Vater stellt ein ganzes Sammelsurium an Fläschchen und Tropfen, verschiedenen Salben und Heilkräutern zusammen. Im Notfall will er gerüstet sein. Fieber ist damals gefährlich und ordentliche Ärzte kosten ein Vermögen, wenn man sie braucht.

Nach einigen Tagen scheint unser Gepäck komplett. Eines ist klar, meine Eltern sind vor der Reise aufgeregter als wir. Für uns ist das alles ja nur Spiel. Sie dagegen müssen beweisen, dass wir, ihre Kinder, die Erwartungen des Publikums am Hofe erfüllen.

Im Januar 1762 beginnt unsere erste Reise nach München. Wir sollen dem Kurfürsten Maximilian III. Joseph von Bayern vorgestellt werden, der als besonderer Musikliebhaber bekannt ist.

Unser erstes Konzert findet mitten in der Karnevalszeit statt. Vor meinem ersten Auftritt quält mich eine schreckliche Aufregung. Mir ist heiß und im nächsten Augenblick schrecklich kalt. Ich weiß nicht, was schlimmer ist.

Doch kaum dass ich am Klavier sitze, scheint alles wie weggeblasen. Ich vergesse das Publikum um mich herum und tue das, was ich am liebsten mag. Ich spiele!

Als ich fertig bin, erschrecke ich furchtbar. Ich habe aufgehört zu spielen und lausche andächtig. Doch zunächst bleibt alles still.

Nach einem Moment, der mir endlos erscheint, setzt endlich der Applaus ein. Im Saal sind vielleicht an die fünfzehn Erwachsene versammelt, die nun alle lachend applaudieren. Eine Dame fragt Vater, ob ich wirklich erst sechs Jahre alt sei. Sie kann es kaum glauben, dass sie da eben einem Kind und nicht einem erwachsenen Musiker gelauscht habe. Dann beschließt sie, das Wunder persönlich kennen zu lernen und geht auf mich zu. Sie schaut mich neugierig an und als ich sie anlache, drückt sie mich auf einmal fest an ihren Busen. Fast bleibt mir die Luft weg und ich bin froh, als sie mich endlich wieder aus ihren Armen entlässt.

Kurzum, der gesamte kurfürstliche Hof ist begeistert. In Adelskreisen sprechen fortan alle von dem sechsjährigen Wunderkind Mozart und seiner Schwester. Mein Papa ist sehr zufrieden mit unserem Erfolg und beschließt schon wenig später unsere Weiterreise nach Wien. Dort sollen wir der Kaiserin Maria Theresia und ihrem Mann, seiner Majestät Franz I. Stephan von Lothringen vorgestellt werden.

Unsere Kutsche besteigen wir Mitte September. In Linz geht es auf einem Schiff die Donau abwärts weiter bis nach Ybbs.

Von dort aus nehmen wir eine Postkutsche. Drei Mönche, unsere Reisegefährten, wollen im Kloster eine Messe lesen.

Ich nutze die Gelegenheit und klettere auf die Orgelempore. Andächtig stehe ich vor den Orgelpfeifen. Ich liebe Orgelmusik, habe mich aber bislang nicht getraut, meinen Vater zu fragen, ob er mir zeigt, wie man sie spielt. Vielleicht ist das jetzt also der richtige Augenblick, um auszuprobieren wie die Orgel klingt?

Ich nehme meinen gesamten Mut zusammen und frage, ob ich heute wohl ausprobieren darf, wie es ist, auf einer Kirchenorgel zu spielen. Mein Vater geht mit mir zum Organisten, der erst mal die Balgtreter aufhalten muss, denn die waren nach der Messe schon fast auf dem Heimweg."

„Balgtreter? Das habe ich ja noch nie gehört. Was soll das sein?"

„Na hör mal, damit die Orgel klingen kann, muss doch Luft durch die Pfeifen strömen. Und wenn die Orgel groß ist, dann braucht man eine Menge Luft. Dafür sorgen die Balgtreter. Immer wenn ich Orgel spielen wollte, musste ich mir Balgtreter organisieren."

Klar, hätte ich auch selber dran denken können, dass es damals noch kein elektrisches Gebläse in der Orgel gab.

„Jedenfalls sind die Mönche schon zum Mittagessen gegangen, als ich zum ersten Mal auf einer Orgel spielen darf."

Ich beginne zu spielen. Das klingt gar nicht schlecht. Wunderbar, wie sich der Raum mit den Tönen füllt. Es scheint mir, als würde die Musik mich wie auf einem dicken Polster durch die Luft tragen. Ich vergesse alles um mich herum und habe keine Ahnung, wie lange ich schon an den Tasten sitze. Da bemerke ich, dass ich nicht mehr allein in der Kirche bin.

Die Mönche, die eigentlich gerade zu Mittag essen wollten, stürmen die Treppe herauf. Sie wundern sich sehr, dass ich es schaffe, die Orgel derartig zum Klingen zu bringen. Zumal meine Beine noch nicht so lang sind, dass sie von der Orgelbank bis zu den Pedalen reichen. Mich stört das nicht im Geringsten. Im Gegenteil! Es macht unglaublichen Spaß im Stehen zu spielen.

Ihr Lob will gar kein Ende nehmen. Als schließlich mein Vater auch noch dazukommt, staunt er nicht schlecht. Er erzählt den Mönchen von unserem Vorhaben, der Kaiserin Maria Theresia ein Konzert zu geben. Von den Klängen begeistert, schreiben sie uns am Nachmittag ein Empfehlungsschreiben an die Kaiserin.

Mein Vater ist überglücklich und nimmt das Schreiben dankbar an. Damals gibt es ja noch keine Zeitungen wie sie heute üblich sind.

Am nächsten Tag gelangen wir nach Wien und noch am selben Abend erhalten wir die Nachricht, dass wir uns am kommenden Tag in Schloss Schönbrunn der Kaiserin Maria Theresia und ihrer Familie vorstellen dürfen. Du kannst dir nicht vorstellen, wie schön dieses Schloss ist, es ist eines der schönsten Barockschlösser, das ich je gesehen habe. Nannerl behauptet, dass im Garten von Schönbrunn das Feenreich beginnt, so wunderbar wie der angelegt ist. Im Park kannst du stundenlang spazieren gehen und dich hinter den Buchsbäumen verstecken, wenn du allein sein willst. In der Orangerie wachsen exotische Pflanzen aus aller Herren Länder. Selbst Feigenbäume habe ich dort gesehen.

Im Winter lebt die Kaiserin in der Stadt. Zum Leidwesen ihrer Hofdamen besteht sie in jedem Frühjahr bereits im April darauf, dass der gesamte Hof nach Schönbrunn umzieht. Während sie es liebt, ihre Staatsgeschäfte von Schloss Schönbrunn aus zu leiten, verfluchen sie sämtliche Minister, Gesandte und Hofdamen. Sie bekommen nämlich alljährlich wieder Schnupfen, weil das Schloss im Frühling noch schrecklich kalt ist und die großen Säle nicht ausreichend geheizt werden können.

Kaiserin Maria Theresia ist zu diesem Zeitpunkt eine der einflussreichsten Herrscherinnen Europas. Es klingt vielleicht etwas merkwürdig, doch die Geschicke Europas liegen in diesen Jahren in den Händen von drei Frauen. Kaiserin Maria Theresia ist eine von den dreien. Die zweite Dame von hohem Einfluss lebt in Versailles. Sie ist die Geliebte des französischen Königs Ludwig XV. und heißt Madame Pompadour. Ihr Einfluss auf den König ist riesig, obwohl sie mit ihm nicht einmal verheiratet ist. Trotzdem bestimmt sie alle seine politischen Entscheidungen. Die dritte ist Katharina die Große, die Zarin von Russland.

Es ist nicht schwer gewesen, das Herz der Kaiserin Maria Theresia mit einem Klavierkonzert zu erobern. Ich spiele und spiele, und mit der Zeit fallen mir immer wieder neue Melodien ein. Meinem Publikum gefällt das alles sehr und ich gewinne den Eindruck, dass ich es hier mit echten Kennern zu tun habe.

Ein Glück, dass die Kinder der Kaiserin auch musikalisch sind. Ich kann es nämlich nicht leiden, wenn meine Hörer kein

Verständnis für meine Musik aufbringen. Ich werde dann immer stinksauer.

Hier, in Schloss Schönbrunn, ist das allerdings anders. Die Kinder der Kaiserin sehen sehr freundlich und interessiert aus. Und die Kaiserin selbst habe ich sowieso schon in mein Herz geschlossen. Deshalb finde ich es auch gar nicht weiter komisch, zu ihr zu laufen, meine Arme um ihren Hals zu schlingen und ihr einen fetten Schmatzer auf die Wange zu drücken.

Sie schaut mich einen Augenblick lang irritiert an und räuspert sich dann. Ich glaube ihr hat's gefallen, denn sonst hätte sie doch geschimpft, nicht wahr.

Nur meine Mutter schaut auf einmal ganz komisch. Es sieht aus, als verliere sie gleich die Fassung, dann flüstert sie meinem Papa etwas zu. Dieser gibt einem Diener ein Zeichen und sofort werden Mama ein Stuhl und ein Glas Wasser gebracht. Freilich braucht es eine Weile, bis sie wieder Farbe ins Gesicht bekommt. Ich habe erst Jahre später begriffen, wie peinlich ihr dieser Vorfall gewesen sein muss."

„Und wie ging es dann weiter? Hast du den Kaiser auch noch zu Gesicht bekommen?", will ich voller Ungeduld wissen.

Amadeus lacht. „Der hat Wichtigeres zu tun. Zunächst habe ich ihn wohl bei der Arbeit belauscht. Und was ich da höre, gefällt mir gar nicht. Aus dem Nebenraum tönt Musik, offenbar spielen dort mehrere Musiker ein Quartett. Es klingt schaurig. Ständig wird dieselbe Stelle wiederholt und immer wieder höre ich einen falschen Ton, ein C anstatt eines Cis.

Es klingt scheußlich. Nachdem ich das Ganze dreimal falsch mit anhören muss, kann ich mich nicht mehr halten und brülle. ‚Verdammt! Wer spielt denn da so falsch? Cis! Es muss Cis sein!'

Nun benimmt sich auf einmal Vater höchst merkwürdig. Er rudert mit den Armen und versucht mir irgendwelche Zeichen zu machen. Aber das ist mir egal. Denn jeder, der Ohren besitzt, muss doch hören, dass das grauenvoll klingt.

Die Kaiserin lacht und diesmal ist es mein Vater, der am liebsten in Grund und Boden versunken wäre, denn es ist der Kaiser, seine Majestät höchstpersönlich, der da so falsch spielt.

Plötzlich geht die Tür auf. Und da steht er, Franz I. Stephan. Der Kaiser von Österreich. Seine Kinder springen ihm entgegen und durch die vielen Stimmen, die plötzlich durcheinander reden, kann ich nur noch Fetzen verstehen. Von einem ‚sagenhaften Konzert' ist da die Rede. Ich höre, wie ein Kind immer wieder ‚ganz famos, ganz famos' sagt. Während ein anderes den Kaiser am Arm zieht und ihn in Richtung eines Stuhles schiebt. ‚Der Papa soll sich's auch anhören'.

Ich lasse mich nicht lange bitten und spiele los.

Der Kaiser ist völlig aus dem Häuschen. ‚Ich verstehe, junger Mann, Ihr seid ein Virtuose, da bin ich sicher. Doch was geschieht, wenn wir die Tasten verdecken und Ihr blind spielt?'

Ich denke einen Moment lang nach. Bei allem Blödsinn, den ich bislang mit dem Instrument ausprobiert hatte, habe ich das noch nie versucht."

Ich schaue Amadeus mitleidig an. „Jetzt steckst du also deine erste Niederlage ein und merkst, dass du das Klavier doch nicht wie im Schlaf beherrschst, wie du immer angenommen hast."

Er grinst bis hinter beide Ohren. „So ein Quatsch!", ruft er. „Ich mache den Spaß natürlich mit und es klappt. Es verblüfft mich nicht im Geringsten. Es macht überhaupt keinen Unterschied, ob da nun dieses Tuch liegt oder nicht. Ich weiß einfach, wo die richtigen Tasten liegen und spiele sie ohne lange zu überlegen. Und es macht auch noch einen Riesenspaß. Zu guter Letzt erhält mein Vater für unsere Künste einen Beutel mit 100 Dukaten."

Wie viel das wohl ist?

Amadeus sieht, dass ich nachdenke. „Was hast du, Valentin?"
„Nichts, ich überlege nur, wie viel Geld das damals wohl war?"
„Ein ordentliches Sümmchen!", antwortet er. „Mein Vater verdient damals in Salzburg jährlich 400 Dukaten. Und wir erhalten an einem Nachmittag eben einmal ein Viertel dessen, das ist schon grandios. Was uns aber noch viel mehr freut, ist die Bitte des Kaisers, die Stadt nicht so schnell zu verlassen. Denn seine Majestät wünscht uns in den nächsten Wochen wieder zu sehen. Wir sind die Attraktion des Hofes. Am Abend wird ein kleines Fest gegeben und die kaiserliche Familie besteht darauf, dass wir bleiben.

Der Ballabend ist herrlich. Ich tanze auf dem glatten Parkett mit der Erzherzogin Marie Antoinette. Die ist ungefähr so alt wie wir und sehr lustig. Als ich ausrutsche, fängt sie mich in ihren Armen einfach wieder auf. Ich lache sie an und da weiß ich es. Entweder heirate ich die oder keine. Also habe ihr einen Heiratsantrag gemacht."

Das geht ja schnell. „Sag mal, damals warst du doch erst sechs Jahre alt. Du hättest diese Marie Antoinette doch unmöglich heiraten können?", frage ich.

„Stimmt!", gibt Amadeus mir Recht. „Das meinten die Erwachsenen, einschließlich der Kaiserin, auch. Allerdings ist nicht mein junges Alter der Grund dafür, dass meine geplante Hochzeit nicht zustande kommt. Damals ist es in Adelskreisen durchaus üblich, bereits Kinder miteinander zu verloben. Aber ich stamme ja nicht aus einer adligen Familie. Von Standes wegen sind wir als Musiker Diener und sie die Herrscher. Das ist der Grund, weshalb ich mir die Hochzeit mit Marie Antoinette abschminken muss."

„Weißt du, was aus ihr geworden ist?", will ich wissen.

Amadeus nickt und sieht auf einmal traurig aus. „Sie hat einige Jahre später den letzten König von Frankreich geheiratet. Leider sind sie beide in der Französischen Revolution hingerichtet worden."

Amadeus wischt sich mit der Hand über die Augen und schluckt. Er denkt einen Moment nach und erzählt dann weiter.

„Für die Konzerte benötigen wir dringend Galakleider. Weil wir uns die Anschaffung nicht leisten können, sucht die Kaiserin in den Kleidern ihrer Kinder und findet für Nannerl und mich etwas Passendes. Nannerl schenkt sie ein kostbar besticktes Kleid aus weißem Taft mit Puffärmeln. Ich bekomme einen Anzug von dem damals fünfjährigen Erzherzog Maximilian. Der Galaanzug ist aus einem feinen lila Stoff gefertigt, rundherum sind Goldborten aufgenäht."

Lila? Ich kann's nicht glauben. Hat er gerade lila gesagt? Lila ist doch zweifellos die hässlichste Farbe überhaupt. Ich kann nur den Kopf schütteln. Aber so richtig traue ich mich nicht, Amadeus zu fragen, ob er sich in einem lila Anzug nicht albern fühlte, also formuliere ich es vorsichtig.

„Magst du den lila Anzug?", will ich wissen.

„Ja sicher, was denkst du denn. So kleiden sich damals nur kaiserliche Kinder. In Salzburg trägt keiner, den ich kenne, so schöne Kleider. Außerdem sind die Kleider kaum getragen und praktisch wie neu. Meiner Mutter leuchten die Augen, als sie uns sieht. Denn die Kleider entsprechen nicht nur der neuesten Mode, wir sehen darin wie echte Königskinder aus. Klar, dass wir in ihnen porträtiert werden.

Viel mehr als über die Kleider freut sich mein Vater allerdings über den Erfolg am Hofe. Die Geschichte mit dem Tuch spricht sich in den vornehmen Wiener Adelskreisen wie ein Lauffeuer herum. Dass ich auch blind Klavier spielen kann, ist die Sensation schlechthin.

So dauert es auch nicht lange, bis wir eine Einladung nach der anderen erhalten. Manchmal spielen Nannerl und ich zwei bis drei Konzerte am Tag. Über Wochen hinweg sind wir schon Tage im Voraus verbucht und verplant.

Wir bleiben einige Wochen und Ende des Jahre 1762 ging es wieder nach Wien zurück. Anfang Januar reisen wir wieder nach Salzburg zurück."

5. Kapitel
Erzählt von den Vorbereitungen der zweiten großen Reise und der Fahrt nach München

Von diesem Zeitpunkt gibt es für meinen Vater kein Halten mehr, er ist von unserem musikalischen Erfolg überzeugt und deshalb will er dafür sorgen, dass die Welt davon erfährt. Also plant er unsere zweite große Reise.

Nannerl und ich freuen uns riesig. Mama allerdings nicht und es gibt Streit. Ihr macht das Reisen nämlich keinen allzu großen Spaß. Mein Herr Papa redet ganz schön auf sie ein, bis sie bereit ist, ihn in den Vorbereitungen für eine große Tournee durch Europa zu unterstützen.

Mein Vater sitzt mehrere Tage lang am Schreibtisch und verfasst Briefe an einflussreiche Personen. Die Post geht nach Frankfurt, Brüssel, Paris und London. In den Städten soll uns vor allem der Adel die Türen öffnen, denn die bevorstehende Reise wird teuer.

Zunächst einmal besorgt mein Vater Reiseliteratur, weil es ihm wichtig ist, dass wir auf der Reise auch etwas lernen. Zudem kauft er Bücher, mit deren Hilfe wir uns in fremden Ländern verständigen können."

„Wenn ihr eine so umfangreiche Reise plant, werdet ihr in der Schule sicher abgemeldet?"

„Schule? Ich habe nie eine Schule besucht. Vater unterrichtet uns und bringt uns alles Wichtige bei. Nannerl und ich lernen von ihm lesen und schreiben. Ich rechne ohnehin sehr gerne, schon vor meinem sechsten Geburtstag. Das geht manchmal so weit, dass ich bei meinen Berechnungen auf den Möbeln weiterschreibe, weil auf dem Papier kein Platz mehr ist und ich vergesse, mir neues zu holen.

Wir lernen von Papa vor allem in Gesprächen, er lässt uns an seinen Beobachtungen teilhaben und tritt kein bisschen lehrerhaft auf. Geographie lernen wir genauso wie Naturkunde vor allem durch das Reisen. Durch die vielen Bücher, die Vater gerne kauft, lernen wir auch Literatur, Geschichte und Malerei kennen. Auch Sprachen sind kein Problem, denn Vater hat in Augsburg ein Gymnasium besucht und damals Latein gelernt. Außerdem gilt Latein als die Sprache der Wissenschaften und bildet darüber hinaus die Grundlage für alle kirchlichen Texte. Wenn wir sonntags zur Messe in den Dom gehen, hören wir ausschließlich Latein.

Wahrscheinlich verdanke ich meinem Vater eine bessere Schulbildung als ich sie auf Salzburger Schulen je erhalten hätte."

„Dein Vater kauft fremdsprachige Bücher. Ihr wollt also ins Ausland? Wohin soll eure Reise denn gehen?"

Amadeus' Augen funkeln.

„Ich wäre ja am liebsten bis in die Türkei gereist. Aber meine Eltern kann ich für diese Art des Abenteuers nicht gewinnen. Das ist jammerschade. Denn ich kenne niemanden, der Geschichten aus dem Nahen Osten erzählt.

Auf einem Bild habe ich einmal verhüllte Reisende gesehen, die auf einem Tier mit zwei Buckeln reiten."

Ein Tier mit zwei Buckeln? Er meint wohl ein Kamel. Kann es wirklich sein, dass er nicht weiß, wie das Reittier heißt?

„Ein Kamel", sage ich. Er schaut mich mit großen Augen an und macht eine kleine Wellenbewegung in die Luft.

„Es ist ungefähr so groß", meint er dann.

Auweia, Amadeus glaubt, dass das Kamel auf dem Bild in Originalgröße abgebildet war. Ich versuche es ihm zu erklären: „Die Tiere sind größer als du denkst. Mindestens zwei Meter hoch."

Amadeus schaut mich verwundert an. „Du meinst, es ist in Wirklichkeit höher als der Türstock?"

Ich nicke heftig, schließlich ist das hier ein altes Haus und ich bin sicher, dass Kamele größer sind.

„Vielleicht meinst du ein anderes Tier", sagt er dann voller Zuversicht.

Wie kann ich ihn bloß davon überzeugen? Ich versuche es mit Geduld und wühle in meiner Hosentasche nach einem Stück

Papier. Mist, darin finde ich nicht einmal einen kleinen Fitzel. Immerhin habe ich heute früh den roten Filzstift eingesteckt. Amadeus sieht mich neugierig an.

„Schau, Beduinen reiten mit Kamelen durch die Wüste", erkläre ich ihm. „Aber so viel ich weiß, gibt es in der Türkei gar keine Wüsten. Wenn du heute auf einem Kamel durch die Wüste reiten wolltest, müsstest du nach Afrika oder in den Vorderen Orient reisen."

Ich male mir ein rotes Kamel in die linke Handfläche und er haut mir auf die Schulter.

„Ja, genau, das ist das Tier, nur in klein. Ein Kamel." Er sieht zufrieden aus. Plötzlich hat er eine Idee und springt vor Aufregung schnell auf und hüpft von einem Bein auf's andere. „Ich war immer nur in Europa unterwegs. Meinst du, die Menschen und die Kamele in Afrika freuen sich, wenn ich dort Musik mache? Ich spiele nämlich nur, wenn ich weiß, dass meine Hörer das zu schätzen wissen.

Aber ich wollte dir von unserer nächsten Reise erzählen. Bevor es mit unserer Fahrt losgeht, rechnet mein Vater unglaublich viel herum. Er gelangt zu dem Schluss, dass es viel günstiger wäre, bei einem Fuhrunternehmen eine Kutsche zu kaufen, als eine zu mieten.

Bislang haben wir auf unseren kürzeren Reisen nämlich immer die Postkutsche genommen. Meine Mutter wird von dem Kauf eines eigenen Wagens schnell überzeugt. Das Reisen in der Postkutsche ist nämlich alles andere als bequem. Oft ist es in den Kutschen so kalt, dass wir uns einen großen Haufen Heu an die Füße legen müssen, um nicht so sehr zu frieren.

Je nach Steigung müssen die Pferde alle zwei bis vier Stunden ausgewechselt werden. Nach 15 bis 20 Stunden wird dann auch der Postkutscher abgelöst. Je nach Wetterlage hängt die Weiterfahrt ein bisschen vom Gemüt des Kutschers ab. Entweder verläuft die Reise in einem gemütlichen Reisetempo, was meiner Mama immer sehr gefällt. Oder wir fahren in schneller Geschwindigkeit durch die Landschaft, was meinen Herrn Papa freut, denn er möchte stets schnell am Ziel sein.

Nannerl und mir bereiten die schnellen Fahrten eine Zeit lang einen gewissen Spaß. Allerdings hat das schnelle Reisetempo den Nachteil, dass einem nur allzu schnell der Popo weh tut und wir den Rest der Reise in einer komischen Hockstellung verbringen. Schau, ungefähr so!"

Ich lache mich schlapp. Amadeus streckt seinen Hintern in die Luft, was ziemlich komisch aussieht. Na klar, damals sind die Straßen uneben, schmal und holprig und schicke luftgepolsterte Räder sind noch nicht erfunden. Auf den Kutschbänken haben die Mozarts also jedes Schlagloch gespürt. Kein Wunder, dass der Familie manchmal der Hintern schmerzt.

„Im Juni 1763 steigen wir endlich in unsere erste eigene Kutsche ein. Unser erstes Ziel wird wieder München sein. Zunächst führt uns die Fahrt an den bayerischen Alpen entlang."

Das muss aufregend gewesen sein. „Hast du dich mit deinem Vater bei der Fahrt durch die Berge abgewechselt?", will ich wissen.

Amadeus runzelt die Stirn. „Nein, ich fürchte, dass deine Vorstellungen vom Reisen in der damaligen Zeit sehr romantisch sind. Du glaubst doch nicht, dass es meine Eltern zulassen, dass ich sie mit fliegenden Haaren durch Europa fahre.

Mein Vater engagiert beim Kauf der gebrauchten Kutsche auch einen Fahrer. Er heißt Sebastian Winter und wird in den nächsten Wochen und Monaten unser Diener und Figaro sein. Damit ist er nicht nur für unsere Reise, sondern auch für unsere Garderobe, unsere Frisuren und Perücken zuständig.

Ich mag ihn sehr, er ist ein feiner Kerl, auch wenn er von der vielen Arbeit stets müde ins Bett fällt. Sein Arbeitstag beginnt morgens um fünf Uhr. Nach einem kurzen Frühstück kümmert er sich um das Futter für die Pferde, striegelt sie und legt ihnen das Geschirr an.

Wir schlafen ein wenig länger und nachdem auch wir etwas gegessen haben, steigen wir gegen acht Uhr in die Kutsche und die Reise geht weiter. Sebastian fährt dann immer mehrere Stunden, bis die Pferde müde sind. In den Gasthäusern tauschen wir die Pferde aus und setzen die Fahrt meist schnell fort. Schließlich verschlingt gerade das Reisen viel Geld, weshalb Vater allzu langes

Trödeln während der Fahrt hasst und mit scharfem Auge über unsere Finanzen wacht.

Zwei Drittel des Weges nach München haben wir schon hinter uns gebracht, als kurz vor dem bayerischen Städtchen Wasserburg ein Wagenrad bricht. Mein Vater will die Reise möglichst schnell fortsetzen, also leihen wir uns bei einer Mühle ein Wagenrad aus. Doch das Ersatzrad ist kleiner als das gebrochene.

Nannerl und ich finden das schrecklich komisch, denn es ist fast so, als würde unsere Kutsche nun hinken. Sie kippt nun ein wenig über der Straße. Also beschließt mein Vater, gemeinsam mit Sebastian neben der Kutsche herzulaufen, um sie nicht noch mehr zu belasten.

Nach Stunden kommen wir in Wasserburg an und nehmen uns ein Zimmer in einem einfachen Gasthaus.

Mutter zieht ein langes Gesicht, denn das Gasthaus macht einen ziemlich schäbigen Eindruck. Mehrmals geht sie um die Betten herum, prüft die Decken, nimmt sie genau unter die Lupe und schüttelt sie dann seufzend aus dem Fenster aus. Meine Frau Mama hasst Flöhe und Wanzen und sieht sich deshalb unsere Schlafplätze immer sehr genau an.

In der Zwischenzeit kümmern sich Sebastian und mein Vater beim Wagner um ein neues Wagenrad, das am nächsten Tag fertig sein soll. Doch es kommt anders. Der Schmied, der dem Wagner den Radmantel aus Eisen fertigen soll, gerät mit seiner Arbeit in Verzug, so dass wir schließlich drei Tage in Wasserburg verbringen.

Erneut verkürzt mir eine Orgel die Zeit. Ich entdecke sie in einer Pfarrkirche. Die Pedaltechnik der Orgel hat mir mein Vater ja bereits vor Monaten erklärt, aber das Spielen klappt immer noch nicht so gut, wie ich mir das vorstelle."

„Wie jetzt? Ich denke, du bist der Meister der Töne. Warum bereitet ausgerechnet dir die Orgel solche Schwierigkeiten?"

„Es liegt nicht an der Orgel!", antwortet Amadeus und haut sich auf die Schenkel. „Hier, meine kurzen Beine sind nach wie vor das Problem. Ich bin immer noch nicht genug gewachsen, um auf der Orgelbank sitzend mit den Füßen bis zu den Pedalen zu gelangen. Was aber kein großes Problem ist, wenn ich wieder die

Bank wegrücke und die Pedale im Stehen spiele. Das ist lustig, ein bisschen wie Tanzen. Und was das Wichtigste ist, es klingt einfach wunderbar.

Ein paar Tage später kommen wir in München an. Zum zweiten Mal gebe ich dem bayerischen Kurfürsten Maximilian III. Joseph ein Konzert. Der Beifall bleibt nicht aus und er bittet mich, ihm auch meine neuesten Fortschritte auf der Geige vorzuführen.

Seit unserem letzten Besuch habe ich meine Technik verbessert, weshalb mir das Spielen wirklich sehr leicht fällt. Es macht mir ungeheuren Spaß, vor dem Kurfürsten zu musizieren, vor allem, weil er danach immer so glücklich aussieht, ganz gelöst. Das macht mich natürlich stolz.

Mein Vater schlägt vor, als nächstes nach Augsburg, seine alte Heimatstadt, zu fahren. Er kennt dort die einflussreichsten Familien und ist sich unseres Erfolgs gewiss. Doch leider kommt es anders. In Augsburg angekommen, bleiben die Damen und Herren Hochwohlgeborenen aus."

„Was soll das heißen?", will ich wissen. „Sie müssen eurer Familie doch einen begeisterten Empfang bereitet haben, wenn dein Vater dort stadtbekannt war. Außerdem vermute ich, dass es damals ja nicht so viel gute Musik zu hören gab."

Amadeus zuckt mit den Schultern. „Ich habe keine Ahnung, was in Augsburg schief läuft. Ich glaube nicht, dass es an Nannerl und mir liegt, denn wir spielen wie eh und je. Insgesamt drei Konzerte geben wir, doch die Säle bleiben fast leer.

Kannst du dir vorstellen, wie das ist, wenn du gut gelaunt Musik machen willst, viele Menschen glücklich sehen willst und dann kommt niemand? Verdammt traurig ist das! Wenigstens haben wir dort endlich unsere Cousinen und Cousins kennen gelernt. Die hatten wir bislang noch nie getroffen.

Nach zwei Wochen reisen wir in Richtung Württemberg weiter. Allerdings führen wir jetzt etwas mehr Gepäck mit uns als vorher."

Ich lache. „Deine Tanten haben euch sicher unzählige Fresskörbe mit Würsten, Schinken und anderen Leckereien mitgegeben."

„Nein, es ist ganz anders. In Augsburg lebte damals einer der berühmtesten Instrumentenbauer seiner Zeit. Johann Andreas

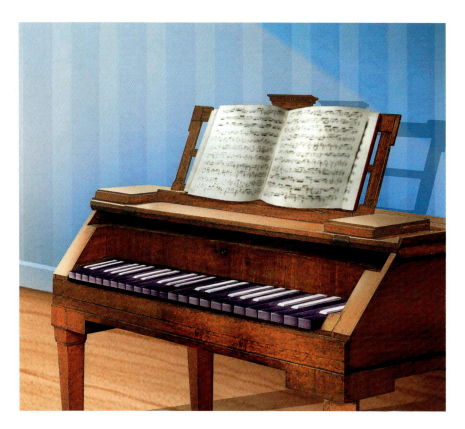

Stein baute die schönsten Tasteninstrumente, die du dir nur vorstellen kannst. Und weil mein Vater glaubt, dass Nannerl und ich auch während unserer Reise üben sollen, um für die Konzerte noch besser vorbereitet zu sein, kaufte er uns für die Reise das Klavichord, das du heute noch im Museum bewundern kannst."

„Aber wie habt ihr das Instrument transportiert? In der Kutsche kann doch kein Platz mehr dafür gewesen sein?"

„Drinnen in der Kutsche natürlich nicht. Doch auf dem Dach liegt das Klavichord ziemlich gut, denn die Beine kannst du abmontieren. Eine andere Möglichkeit besteht darin, es mit dem restlichen Gepäck an der Kutsche festzuzurren. Wichtig ist, dass das Gepäck und vor allem das Instrument vor Regen geschützt werden. Doch dafür gibt es gewachste Stoffe, durch die kein Wasser dringt.

Aus Richtung Württemberg gelangen wir schließlich nach Mannheim, wo wir uns von unserer riesigen Pleite in Ludwigsburg wieder erholen müssen."

„Wieso Pleite? Was ist denn in Ludwigsburg passiert?"

„Schau, nach dem Konzert in München erhielten wir vom bayerischen Kurfürsten ein Empfehlungsschreiben nach Stuttgart an die Residenz des Herzogs Karl Eugen. So ein Empfehlungsschreiben ist das Beste, was einem abgesehen vom Geld nach einem erfolgreichen Konzert passieren kann. So ein Brief öffnet dir die Türen deines künftigen Publikums.

Doch diesmal ist es anders. Wir fahren von Augsburg nach Stuttgart und erfahren noch auf der Poststation, dass der Herzog zur Zeit nicht in Stuttgart residiert. Die Jagdsaison hat begonnen und deshalb hält er sich, wie wir erfahren, in Ludwigsburg auf."

Jetzt geht mir ein Licht auf. Eigentlich will die Familie nach Stuttgart reisen und beschließt nun, die Fahrt Richtung Ludwigsburg fortzusetzen. Doch wo ist das Problem? „Ihr wolltet dem Herzog also unbedingt ein Konzert geben und seid deshalb zum Schloss nach Ludwigsburg gereist. Und dann?", frage ich Amadeus.

Er sieht müde aus. „Dann passiert nichts! Der Herzog taucht einfach nicht auf. Wir warten, doch er kommt nicht. Nach einer Woche sinnlos vertaner Zeit beschließt mein Vater unsere Abreise. Kurfürstliche Empfehlung hin oder her, er ist der Meinung, dass wir auf gar keinen Fall vor leeren Sesseln spielen.

Zum ersten Mal spüren wir, wie es ist, von der Willkür eines Adligen abhängig zu sein. In den Augen des Herzogs kommen wir womöglich als fahrende Gaukler daher. Hungerleider aus Salzburg, die beschlossen haben, ihr Geld mit Musik zu verdienen. Auf jeden Fall stellt Musik in den Augen dieses Herzogs keinen Grund dar, seine Jagd zu unterbrechen."

Von unten klingen plötzlich Töne herauf. Um diese Uhrzeit? „Wer singt denn da?", will ich von Amadeus wissen.

„Ein Student, er kommt jedes Jahr zur Festspielzeit mit seiner Freundin hierher, um die Damen mit einer Serenade aus *Don Giovanni* zu entzücken. Sie spielt die Gitarre statt einer Mandoline und er singt in der Getreidegasse ‚*Deh, vieni alla finestra, o mio tesoro!'*, was soviel heißt wie ‚Komm doch ans Fenster, du mein Schatz!'"

„Wie ist das eigentlich für dich, wenn du deine eigene Musik, von anderen vorgetragen bekommst?"

„Manchmal ist es zum Heulen! Dann würde ich am Liebsten die Fenster aufreißen und vor Zorn irgendetwas hinunter werfen. Aber das hier klingt doch wirklich ganz wunderbar. Ich wünsche den beiden jedenfalls eine großartige Karriere!"

„Von Ludwigsburg reisen wir weiter nach Mannheim und alles wird gut. Hier werden wir vom Kurfürsten Karl Theodor von der Pfalz mit offenen Armen empfangen. Er ist für seine Liebe zur Musik bekannt. Die Mannheimer Hofkapelle gilt unbestritten als das beste Orchester Europas. Hier spielen nur die besten Musiker unter optimalen Bedingungen.

Das Konzert, das wir vor dem versammelten Hof geben, dauert ewig. Ich glaube, dass wir fast vier Stunden musizieren. Mal spielen Nannerl und ich gemeinsam, dann werden wir wieder von dem Orchester abgelöst. Uns erfüllt der Applaus einmal mehr mit Stolz und unsere Zuhörer kommen aus dem Staunen gar nicht mehr heraus.

Von dem Erfolg beflügelt, setzen wir unsere Reise auf dem Schiff in Richtung Frankfurt am Main fort.

Nicht dass du denkst, wir hätten uns von unserer Kutsche getrennt. Wir kommen auf dem Wasser einfach nur schneller voran als auf den schlechten Straßen. Auch in Frankfurt schlagen uns die Herzen entgegen. Wir bleiben länger, als mein Vater ursprünglich geplant hat, und geben insgesamt vier Konzerte. Aber weißt du, worüber ich mich unglaublich freue?"

Doofe Frage, woher soll ich das denn wissen? „Keine Ahnung!", antworte ich achselzuckend.

Amadeus grinst mich frech an. „Mein Name wird in einem Buch erwähnt!", antwortet er mit einem Triumph in der Stimme.

„Na und? Dein Name steht in Tausenden von Büchern. Die Literatur über dich füllt die Regale am laufenden Meter. Weshalb macht es dich glücklich, wenn dein Name in einem Buch auftaucht?"

„Es ist doch nicht irgendein Buch, in dem mein Name da auftaucht, Valentin. Johann Wolfgang von Goethe schreibt als alter Mann in seinen Erinnerungen über mich, dass er sich Zeit seines Lebens an das Konzert ‚des kleinen Mannes in seiner Frisur und Degen erinnert‘, und meint damit mich! Das ist doch toll, oder? Er ist damals vierzehn, als wir uns begegnen und ich kann natürlich nicht ahnen, wie berühmt er eines Tages sein würde."

Ist ja irre, das Wunderkind freut sich einer künftigen Berühmtheit begegnet zu sein. Verrückt oder?

„Auf dem Main entlang führt uns unsere Reise nach Mainz. Wir sind weiterhin mit dem Schiff unterwegs, obwohl das meinen Vater mehr Geld kostet als die Fahrt mit der Kutsche. In den letzten Wochen hat starker Regen die Wege, die zum Teil direkt an Main und Rhein verlaufen, aufgeweicht. Aus diesem Grund hält mein Vater das Schiff für die bequemste Reisemöglichkeit, zumal er befürchtet, dass wir uns mit der Kutsche auf den schlechten Straßen den Hals brechen könnten.

Über Köln gelangen wir nach Aachen. Von dort aus geht es weiter über Lüttich nach Brüssel. Wir haben uns mittlerweile daran gewöhnt, dass unser Publikum manchmal über eine etwas merkwürdige Zahlungsmoral verfügt. Nicht immer werden wir mit Geld bezahlt. Wenn wir nach einem Konzert unseren Zuhörern entgegen treten, wühlen diese meist schon in ihren Taschen und fischen dort die merkwürdigste Bezahlung hervor.

Wir erhalten zum Dank für unsere Musik beispielsweise etliche Etuis für Zahnstocher, mehrere Uhren, diese hier kennst du ja schon.

Amadeus nestelt an seiner Westentasche, lässt die Uhr dann doch darin stecken und fährt fort. „Größere Dinge wie Degen und Mäntel sind neben den üblichen Taschentüchern und Schmuck ebenfalls mit dabei.

Manche Damen scheinen nach unserem Spiel merkwürdig bewegt und zu Tränen gerührt. Unzählige Küsse haben Nannerl und ich über uns ergehen lassen. Das ist manchmal ganz schön eklig gewesen."

„Und dann zahlen sie, oder?"

Amadeus schüttelt den Kopf. „Nein nicht immer! Die Prinzessin Anna Amalie von Preußen überhäuft mich in Aachen mit ihren ziemlich nassen Küssen. Aber leider hat sie überhaupt kein Geld. Stell dir vor, jeder dieser ekligen Küsse, wäre ein Geldstück gewesen, wir hätten am Abend mehrere Beutel davon in unsere Herberge getragen. Leider ist dem nicht so. Da kann man nichts machen", sagt Amadeus voller Sorgen.

„Es ist eine große Ehre, vor all diesen hochgeborenen Fürsten und Gräfinnen zu spielen. Wenn sie nicht zahlen, ist das noch lange kein Zeichen für Geiz. Vielleicht haben sie einfach kein Geld dabei. Selbst wenn es sich nicht gehört, einem schönen Konzert zu lauschen und nichts zu geben. Besonders meinen Vater ärgert das meistens sehr, weil sowohl die Kutscher als auch die Wirte auf ihrem Geld bestehen und sich nicht mit Küssen bezahlen lassen."

Er denkt einen Moment lang nach. „Ich habe eine Idee. Soll ich dir etwas vorspielen?", und verschwindet im Nebenraum.

Ich laufe schweigend hinterher und sehe ein altes Cembalo. Er setzt sich auf ein Bänkchen mit geschwungenen Beinen.

Mist, es wäre natürlich toll, wenn mir Amadeus eine Kostprobe seines Könnens geben würde, aber ich habe überhaupt kein Geld bei mir. Ich trage zwar eine Hose mit vielen Taschen, aber außer dem Filzstift und ein paar leeren Bonbonpapieren habe ich nur noch Kaugummis bei mir. Vielleicht spielt er ja auch für einen Kaugummi?

„Magst du einen Kaugummi?" frage ich ihn und füge schnell hinzu. „Ich kann dich nämlich auch nicht mit Geld bezahlen." Er kichert. „Das brauchst du auch gar nicht, Valentin. Hier drin kann ich mit Geld ohnehin nichts anfangen.

Hier, hör mal, das Stück habe ich kurz vor meinem achten Geburtstag komponiert. Klingt doch lustig oder?

Als es fertig war, hat es mein Herr Papa für mich notiert. Er macht beim Notieren der Noten nicht ganz so viele Tintenflecke wie ich und außerdem muss er ja auch ein bisschen beschäftigt werden. Meistens spiele ich ihm meine Ideen vor und wenn es gut klingt, darf er es für mich notieren. Dann schaue ich noch einmal über die Noten und wenn mir etwas nicht gefällt, wird es halt geändert.

Bekomme ich jetzt so einen Kaugummi? Ich habe schon seit Jahren nichts mehr gegessen. Als Geist habe ich nämlich keinen richtigen Hunger mehr. Allerdings muss ich zugeben, dass ich ab und zu etwas koste, wenn ich es noch nicht kenne oder nicht mehr so genau weiß, wie es schmeckt."

Ich gebe ihm einen Streifen. Er hält ihn in der Hand, schaut ihn eine Weile an, bevor er den Kaugummi auspackt und in den Mund steckt.

Amadeus nickt mir zu und sagt dann schmatzend: „Gut, daran kann ich mich gewöhnen." Er schmatzt ziemlich laut und sieht plötzlich sehr zufrieden aus, allerdings kaut er nicht mehr.

„Sag mal, du hast ihn doch nicht runtergeschluckt, oder?"

Amadeus schaut mich betroffen an. „Wieso? Wolltest du ihn wieder zurück haben?"

„Nein, auf keinen Fall!", antworte ich. „Aber man soll sie nicht wie Bonbons essen, sondern nur kauen. Deshalb heißen sie doch Kaugummi, Amadeus." Ich komme mir auf einmal sehr mütterlich vor und gebe ihm schnell noch einen.

Er bedankt sich und lässt den Kaugummi in seiner Westentasche verschwinden.

6. Kapitel
Erzählt, wie die Familie Mozart in Windeseile von Brüssel nach Paris reist und dann vor verschlossenen Türen steht

Wir kommen in Brüssel an und warten darauf, Prinz Carl, dem Bruder des österreichischen Kaisers, vorspielen zu dürfen. Brüssel gehört damals noch zu Österreich, deshalb ist es kein Wunder, dass der Bruder des österreichischen Kaisers hier lebt.

Drei Wochen ziehen ins Land, bis sich seine Hochwohlgeboren herablässt, uns zu empfangen. Ich vermute, dass er wie viele der Adeligen keine Lust hat, sich der Musik zu widmen. Stattdessen vertreibt er sich die Zeit, wie man uns erzählt, mit Jagen, Saufen und Fressen. Immerhin habe ich die Zeit zum Komponieren genutzt und meine erste längere Komposition, ein Allegro in C-Dur für Clavecin und Geige, in Nannerls Noten-Büchlein notiert."

Mir schwirrt der Kopf und ich komme da nicht mit. „Moment mal, Amadeus, was ist denn ein Allegro?"

Amadeus sieht mich an und erklärt mir, dass es sich um die Tempobezeichnung eines Musikstücks handelt. „Allegro ist italienisch und heißt munter oder lustig. Wenn ein Stück in einem getrageneren und langsameren Tempo gespielt wird, spricht man von Andante.

Unsere Reise von Brüssel nach Paris dauert nur vier Tage. Auf der Strecke befinden sich nämlich unglaublich viele Poststationen und deshalb können unsere Pferde fast stündlich ausgetauscht werden. Wir fahren fast den ganzen Weg im Galopp, musikalisch gesehen also im Allegro. Rund achtzig Kilometer schaffen wir am Tag.

Allein, auf der Stirn meines Vaters zeigt sich eine Falte neben der anderen. Die schnelle Reise mit dem häufigen Austausch der Pferde verschlingt mehr Geld, als er eigentlich ausgeben wollte.

Im übrigen ist die Poststraße zwischen Lüttich und Paris gepflastert. Bei der schnellen Fahrt holpert unsere Kutsche über die ganze Strecke und die Räder leiden. Als sich der Eisenmantel an unserem Vorderrad löst, legen wir eine Pause ein, bis der Schaden wieder behoben ist.

Wir essen Eintopf in einem Wirtshaus, in dem normalerweise die Kutscher essen und schlafen.

Meiner Mutter schmeckt es, wie es aussieht, gar nicht, denn sie taucht den Löffel immer nur vorsichtig in die Schale ein, hält ihn sich vor die Nase und schnuppert widerwillig an der dicken Suppe aus Rindfleisch und Rüben.

Mir gefällt das Wirtshaus, zumal der Kessel mit dem Essen mit einer Kette über dem Kaminfeuer aufgehängt ist. Offensichtlich kann der Wirt die Tür zum Nachbarraum nicht verschließen, denn ständig tauchen grunzende Schweine im Schankraum auf.

Als meine Mutter sie zum ersten Mal sieht, wird sie blass und verdreht die Augen. Aus Angst, dass sie in Ohnmacht fallen könnte, springe ich auf und stelle mich rasch hinter die Bank, auf der sie sitzt.

Eigentlich tut sie ja nie so vornehm, doch dieses Mal ist sie wirklich sauer über den Schweinestall, in den uns Vater geführt hat.

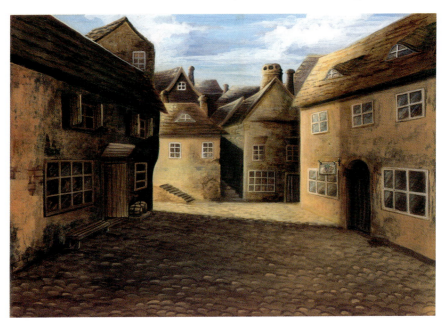

Der hat freilich ganz andere Sorgen. Er überlegt verzweifelt, wie weit wir mit dem bisschen Geld, das er noch im Beutel hat, reisen können. Es scheint, als wären wir durch die lange Warterei beim Prinzen Carl in Brüssel fast pleite.

Irgendwie klappt es dann doch mit dem Geld. Mein Vater das Finanzgenie! Wer weiß, wie er es schafft, die Kasse wieder zu füllen, doch wir reisen weiter.

Es ist Mitte November 1763, als wir in Paris ankommen. Wir wohnen ganz vornehm im Adelsviertel Marais. Durch die vielen Briefe, die mein Vater noch vor unserer Abreise aus Salzburg geschrieben hat, wissen auch die für uns wichtigsten Familien in Paris über unsere Ankunft Bescheid.

Zunächst versucht Vater über den Botschafter des bayerischen Kurfürsten am französischen Hof, einen gewissen Grafen Van Eyck, Zugang zu den vornehmen Pariser Salons zu erhalten. Wir warten geduldig, denn zunächst möchte uns niemand spielen hören.

Vater kann nicht glauben, dass all die Briefe, die er vor unserer Abreise geschrieben hat, und auch die Empfehlungsschreiben hier wertlos sein können."

Das stelle ich mir aber ziemlich langweilig vor. Wenn ich nur mit meiner Mutter in einer großen Stadt wäre, in der ich niemanden kenne, keine Freunde hätte, mit denen ich spielen kann, und alle sprechen eine andere Sprache. „Fandest du das nicht furchtbar öde?", frage ich Amadeus.

„Mir macht die Warterei nicht allzu viel aus. Ich nutze die Zeit zum Komponieren. Immerhin gelingen mir vier Sonaten, die ganz gut klingen.

Mein Vater ist jedenfalls wieder zu Tränen gerührt, er hat eben recht nah am Wasser gebaut. Er veranlasst den Druck der Noten und berichtet seinen Freunden in Salzburg begeistert von meinen musikalischen Fortschritten.

Im Dezember passiert etwas ganz Unvermutetes. In einer der wenigen Zeitungen erscheint ein Artikel über mich und siehe da, die Türen der Pariser Salons öffnen sich.

Es ist mir nämlich gelungen, einen einflussreichen deutschen Baron, der schon seit etlichen Jahren in Paris lebt, von meinen

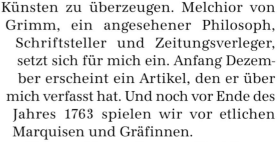

Künsten zu überzeugen. Melchior von Grimm, ein angesehener Philosoph, Schriftsteller und Zeitungsverleger, setzt sich für mich ein. Anfang Dezember erscheint ein Artikel, den er über mich verfasst hat. Und noch vor Ende des Jahres 1763 spielen wir vor etlichen Marquisen und Gräfinnen.

Ein paar Tage später, am Neujahrstag des Jahres 1764, ist es so weit. Endlich! Wir erhalten eine Einladung des französischen Königspaares nach Versailles. Nannerl und ich sind schrecklich aufgeregt, schließlich spielen auch wir nicht alle Tage vor einem König.

In Versailles geht es anders zu als im kaiserlichen Schloss Schönbrunn in Wien. Weißt du noch, Valentin, ich habe dir doch erzählt, dass ich Wien die Kaiserin Maria Theresia erst umarmt und dann geküsst habe. Beim Essen überlege ich nicht lange und küsse die Königin auf die Wange. Leider merke ich erst in dem Moment, dass ihr Mund voll ist. Zu spät. Die Königin verschluckt sich furchtbar.

Wie es aussieht, machen sich die Franzosen nichts aus Küssen. Anders kann ich es mir nicht erklären. Sie verzichten sogar auf den Handkuss, der am französischen Hof ebenso wenig üblich ist wie der Hofknicks oder ein Bückling.

Die Königskinder halten sich Gott sei Dank nicht an ihre gute Erziehung, sie lassen sich küssen und haben auch nichts dagegen, wenn ich sie auf die Hände küsse. Das macht mir gerade deshalb so viel Spaß, weil es hier sonst wirklich nicht üblich ist."

„Wie kommst Du eigentlich darauf, alle um dich herum küssen zu wollen? Ich finde es immer eklig, wenn meine Tante mich küssen will, und ich käme gar nicht erst auf die Idee, wildfremde Menschen zu umarmen." Amadeus guckt mich völlig verblüfft an, als verstünde er meine Frage überhaupt nicht. Er denkt einen Moment nach.

„Vielleicht hast du Recht, vielleicht mag eben nicht jeder von mir geküsst werden. Die Königin von Frankreich mag das Küssen offenbar überhaupt nicht. Aber sie ist trotzdem furchtbar nett. Sie kommt aus Polen und spricht sehr gut Deutsch. Mein Französisch klingt sicherlich nicht halb so gut, obwohl Vater versucht, uns auf der Reise etwas Französisch beizubringen.

Und noch etwas ist in Versailles komisch, es gibt dort keine Kutschen. Stattdessen lässt man sich dort in Sesseln tragen."

„Du willst doch nicht sagen, dass du Faulpelz nicht zu Fuß gegangen bist, nur weil es dort keine Kutschen gibt", frage ich Amadeus erstaunt.

„Keinen einzigen Schritt. Zumal uns meine Eltern von den Gagen der Konzerte neue Anzüge und Kleider gekauft haben. Es ist ausgeschlossen, die Wege zu Fuß zurückzulegen, auch weil die Mode diese umständlich langen Kleider für die Damen vorsieht.

Nachdem wir fürstlich bezahlt werden, kehren wir von Versailles nach Paris zurück. Vieles in dieser Stadt ist anders als wir es gewohnt sind. Die Stadt ist groß und trotzdem gibt es keine Stadttore, jeder kommt und geht wie er will.

Meine Mutter mag Paris nicht. Sie beklagt sich vor allem über den Dreck in den Gassen und die vielen Bettler und Krüppel, die man überall sieht. Wie immer ist mein Vater wegen des Geldes pingelig.

Das Essen ist teuer und meine Mutter hat es satt, dass sie nirgendwo in der Stadt Mehlspeisen kaufen kann. Sie ist der festen Überzeugung, dass die Franzosen das Mehl für ihre Perücken brauchen. Wenn sie meinen Vater ärgern will, behauptet sie immer, dass die Pariser für ihre Frisuren viermal soviel Mehl verwenden wie für die Zubereitung ihres Essens.

Freitags schimpft meine Mutter immer besonders, denn in der Stadt gibt es kaum Fisch zu kaufen. Der wöchentliche Fastentag ist hier völlig unbekannt, und so essen wir freitags meist nur eine Suppe. Meine Eltern sind sehr gläubig und haben Angst, in der Hölle zu braten, wenn sie uns an einem Freitag Fleisch auf den Tisch stellen.

Sogar das Wasser muss hier bezahlt werden. Es wird den Parisern nach Hause geliefert. Die Wasserträger laufen durch die

Straßen und rufen ‚L'eau, l'eau!', und dann zahlen sie viel Geld für eine ganz trübe, dreckige Brühe.

Mein Vater traut dem Ganzen nicht. Und weil er glaubt, dass wir davon krank werden könnten, kochen wir jeden Tropfen Wasser ab.

Vaters Vorsicht macht sich bezahlt, von uns erkrankt niemand. Doch der Gräfin Van Eyck geht es eines Tages sehr schlecht, sie bekommt hohes Fieber und Husten und spuckt plötzlich Blut. Etliche Quacksalber und Ärzte versuchen sie zu retten.

Doch damals ist die Medizin noch nicht so weit, dass die Genesung der Patienten immer gelingt. Die Ärzte sind oft ratlos und versuchen ihr Glück mit Abführmitteln und Aderlass, was die Kranken zusätzlich schwächt.

Auch der Gräfin konnten sie nicht helfen, sie starb kurze Zeit später. Ich war sehr traurig, denn ich mochte sie sehr.

Kurze Zeit später bekomme erst ich und später dann auch Nannerl einen furchtbaren Husten. Mag sein, dass das mit dem nasskalten Pariser Winter zusammenhängt. Es fällt kaum Schnee, stattdessen ist es sehr feucht und lausig kalt. Ein Riesenglück, dass Vater eine so gut ausgestattete Reiseapotheke mit sich führt und immer weiß, welches Mittel Heilung verspricht. Zwar müssen wir einige Konzerte ausfallen lassen, doch nach wenigen Wochen sind wir wieder auf den Beinen."

7. Kapitel
Beschreibt den London-Aufenthalt und schildert eine Begegnung der besonderen Art

Als mein Vater noch in Salzburg unsere Reise plante, überlegte er lange, unsere Reise von Paris aus nach London fortzusetzen. Bis zu diesem Zeitpunkt in Paris denkt er über das Für und Wider nach und kommt in verschiedenen Gesprächen mit Freunden zu dem Schluss, dass sich der Besuch Londons lohnen könnte."

„Und was ist mit dir? Willst du nicht langsam zurück nach Hause? Schließlich bist du doch schon einige Zeit lang unterwegs."

Amadeus nickt. „Das stimmt. Wir sind schon seit Juni 1763 unterwegs und verlassen Paris im April des darauf folgenden Jahres, zehn Monate später also.

Aber ich verspüre noch kein Heimweh. Im Gegenteil. Die Weiterfahrt nach London bietet uns die einmalige Chance, endlich das Meer zu sehen. Das kann ich mir doch nicht entgehen lassen.

Unsere Kutsche bleibt in Calais zurück, da wahrscheinlich kein Schiff bereit gewesen wäre, sie über den Kanal zu transportieren.

Außerdem scheint das Pech auf unserer Seite. Vater sucht für die Überfahrt nach Dover ein Boot mit Betten. Er findet eines, doch als wir es besteigen wollen, merkt er, dass bereits vierzehn Passagiere an Bord sind, obwohl das Boot nur über zwölf Betten verfügt.

Vater ist verärgert und hat dann eine bessere Idee. Er mietet uns ein Boot und sucht dann vier Personen, die mit uns fahren. So hat der Fuchs wieder einmal Geld gespart und ist glücklich, dass es an Bord Betten gibt, falls uns die Schifffahrt nicht bekommt.

Natürlich behält Vater Recht. Die Fahrt über das Meer erweist sich als furchtbar, mir ist speiübel und ich bin heilfroh, als wir endlich wieder festen Boden unter den Füßen haben.

Von Dover geht es in einer gemieteten Kutsche weiter nach London.

Weil die Gasthäuser teuer sind, wohnen wir in London privat. Vieles ist anders, als wir es von Paris gewohnt sind. Zunächst einmal wundern wir uns darüber, dass die Mode hier so anders aussieht als in Frankreich und Deutschland. Wahrscheinlich tragen die Menschen wegen des vielen Regens auch im Mai Anzüge aus dunkler Wolle.

Außerdem geht hier keine Frau ohne Kopfbedeckung aus dem Haus. Anders als in Frankreich, wo die gepuderten Perücken die Köpfe der Damen und Herren zierten.

Und noch etwas fällt auf: Auf den Straßen sieht man viele Frauen, die Pfeifen mit Tabak rauchen.

Meine Mutter ist enttäuscht, dass der Kaffee fast unbezahlbar ist. Sie muss sich erst daran gewöhnen, dass die Engländer zu jeder Tages- und Nachtzeit Tee trinken.

Bereits fünf Tage nach unserer Ankunft in London folgen wir der Einladung des englischen Königspaares. Es ist erstaunlich, was uns hier an Freundlichkeit widerfährt. An allen Höfen, die wir bislang besuchten, hat man uns immer außerordentlich höflich behandelt. Das englische Königspaar übertrifft allerdings alles, die beiden sind viel herzlicher als das Publikum, für das wir sonst spielen.

Acht Tage nach unserem Besuch im Queens Palace spazieren wir nichts ahnend gerade durch den Park, als uns eine Kutsche mit großem Hallo überholt.

Aus dem Wagenfenster schiebt sich der lachende Kopf des Königs. Das musst du dir mal vorstellen, Valentin. Der König erkennt uns eine Woche nach dem Konzert und grüßt. Und das, obwohl wir an diesem Tag nicht besonders vornehm gekleidet sind.

Vielleicht sehnt sich das Königspaar nach Deutschland, das vermutet zumindest Vater hinter der königlichen Freundlichkeit. Der König ist seiner Herkunft nach ein Kurfürst von Hannover und auch seine Frau Charlotte ist deutscher Abstammung.

Jedenfalls sind die beiden ausgesprochene Musikliebhaber. Als Kind ist der König dem berühmten Komponisten Georg Friedrich

Händel begegnet und liebt seither dessen Musik. Also habe ich ihm ein Händelkonzert auf der Orgel vorgespielt."

Amadeus macht eine Pause und starrt einen Augenblick in die Luft.

Verflixt, Händel! Irgendwo habe ich den Namen schon einmal gehört, aber wer war das doch gleich? „Amadeus, ich weiß über Händel nur so viel, dass er kein Fußballnationalspieler war, sondern Komponist. Danach muss ich allerdings passen. Meine Mama hat mir immer nur von dir erzählt."

Hoppla, was ist denn jetzt los? Sehe ich richtig? Amadeus, der die ganze Zeit so blass neben mir sitzt, wird plötzlich richtig rot. Unglaublich, diese Gesichtsfarbe! Ich kann den Blick gar nicht mehr von ihm lösen, so sehr gefällt mir das Tomatenrot in seinem Gesicht.

„Wenn du dich nur sehen könntest! Du wirst ja ganz rot! Hast du einen Spiegel?"

Mit einer Handbewegung wischt er meine Idee weg. „Wozu? Ich kann mich darin ja doch nicht betrachten!" Er starrt auf einmal auf den Boden.

So kompliziert kann das mit Händel doch nicht sein, dass ihm, der die ganze Zeit so munter erzählt hat, nun nichts einfällt.

„Ich kenne deine Mama!", flüstert er.

„Was?" Ich bin entsetzt. Woher, will ich fragen. Ich mache den Mund auf, möchte ihm einen Haufen unsortierter Fragen stellen, doch ich bekomme nichts über die Lippen.

Schweigen.

Er holt tief Luft. „Es ist ein paar Jahre her. Mein Zeitgefühl trügt mich manchmal. Aber ich bin mir sicher, als ich mich mit deiner Mutter unterhalten habe, bist du noch nicht auf der Welt gewesen. Es passierte im Februar, an einem verregneten Tag. Ganz Salzburg hing voller Herzen."

Valentinstag, denke ich. Es muss am Valentinstag gewesen sein, das sieht Mama ähnlich. Diese Romantikerin. Der Tag bedeutet ihr viel, das weiß ich, deshalb auch mein Name.

Amadeus redet weiter und reißt mich aus meinen Gedanken.

„An einem Sonntagnachmittag läuft sie durch die Wohnung und schon als sie am Portrait vorbeigeht, merke ich, dass sie sich anders benimmt als die übrigen Besucher."

„Wie meinst du das?"

Amadeus blickt mir in die Augen. „Sie läuft nicht nur durch die Zimmer, sondern lässt sich auf die Wohnung ein. Das spüre ich sofort. Ich beobachte sie aus den Portraits. Hier und da bleibt sie stehen, betrachtet sich alles ganz genau und schaut tief in die Bilder hinein und entdeckt das Leben darin."

Amadeus stockt für einen Augenblick.

„Unten hängen doch die Stiche mit den Städteansichten. Mein Vater hat sie von den Reisen mitgebracht. Deine Mutter steht vor ihnen und lächelt. Ich bin mir sicher, dass sie fühlt, was in den Städten des 18. Jahrhunderts alles los ist.

Sie gefällt mir, also warte ich auf sie. Als sie an dem Portrait vorbei geht, zwinkere ich ihr zu."

Meine Mama und Amadeus. Ich muss lachen. „Und was ist dann passiert? Los, erzähl schon weiter!"

Er nickt. „Sie ist toll und begreift sofort. Erst schaut sie sich um. Im Raum stehen nur ein paar Asiaten und erzählen sich gerade irgendwelche Geschichten über meine erste Geige. Auf Japanisch!"

Japanisch? Woher weiß er denn, dass es Japanisch war? „Du willst mir doch nicht sagen, dass du sie verstanden hast?"

„Nein, aber das ist nicht schwer zu raten. Sie halten den Mozart-Führer in japanischer Sprache in der Hand und gestikulieren mit Blick auf die kleine Geige über dem Buch. Die sind also mit sich beschäftigt und bekommen nichts mit.

Deine Mutter bemerkt das auch und stell dir vor, was sie macht? Sie zwinkert zurück!

Das ist mir in all den Jahren noch nie passiert! Ich sehe mir die Besucher immer genau an. Aber das ist neu! Sie schaut in mein Bild und lacht mich an."

Kaum zu glauben! Meine Mama, die seit Jahren allein mit mir lebt, zwinkert mit einem Bild von Wolfgang Amadeus Mozart. Wie albern!

„Und dann, was habt ihr dann gemacht?"

„Deine Mutter wirft einen Blick auf die Japaner und macht dann eine kurze Kopfbewegung. Ich verstehe, was sie meint. Sie schlendert zum nächsten Bild und wartet, bis die Japaner den Raum verlassen. Ich kann der Versuchung nicht widerstehen. Ich muss sie mir aus der Nähe anschauen, doch sie ist schon ein paar Schritte weit weg auf der Schwelle zum nächsten Raum. Da verlasse ich den Rahmen."

Ich fasse es nicht. „Du bist am helllichten Tag aus dem Bild gestiegen? Spinnst du. Was wäre, wenn dich jemand gesehen hätte?"

Amadeus zuckt die Schultern. „Das war mir in dem Moment egal. Weißt du, wie man sich fühlt, wenn man über Jahre in dem Bild, diesem Schinken in Öl, hängt? Es ist öde und langweilig! Kaum ein Besucher schaut richtig hin. Den ganzen Tag ziehen die Leute an mir vorbei und sehen nicht richtig hin. Es dauert manchmal Jahrzehnte bis jemand auf mein Zwinkern reagiert."

„Du bist also draußen. Und dann?"

„Ich folge ihr bis nach unten in die Wohnung der Hagenauers. Unten steht doch der Rest von der Kutsche und dem Gepäck. Ich setze mich auf einen Weidenkoffer und warte." Amadeus grinst von einem Ohr zum anderen.

„Du benimmst dich hoffentlich unauffällig?", wahrscheinlich liegt in meiner Stimme der Tonfall eines Erwachsenen. Komisch, dass ich ihm jede Menge Blödsinn zutraue.

Anscheinend weiß Amadeus, was ich meine und nickt heftig mit dem Kopf. „Ich bin ganz brav gewesen und benehme mich wie ein ordentlicher Statist. Der eine oder andere Tourist setzt sich auf die zweite Kiste neben mir und strahlt in die Kamera, wenn ihn seine Frau fotografiert. Ich mache mit und lächle ebenfalls freundlich. Das Blitzlicht geht mir auf die Nerven. Am Liebsten streckte ich ihnen allen die Zunge heraus, doch aus Angst vor unnötigen Diskussionen lasse ich es lieber. Außerdem fotografieren sie ja ohnehin ganz umsonst, auf keinem der Bilder sieht man mich.

Da ertönt die abendliche Durchsage und die Besucher verlassen das Haus. Wie jeden Abend schließt Fräulein Kleinmayer das Museum und stellt die Alarmanlage für die Fenster und Türen an. Ich warte noch, bis im Haus nach einer halben Stunde die Nachtschaltung angeht. Das Licht erlischt und ich hole mir den Kerzenleuchter mit den fünf Armen. Dann mache ich mich auf die Suche. Ich bin sicher, dass sie noch hier ist. Doch wo? Oben oder unten? Unter den vielen Besuchern konnte ich sie unmöglich im Blick behalten.

Zunächst suche ich hier oben."

„Aber hier kann sie sich doch gar nicht verstecken! Die Küche überschaust du mit einem Blick und in den übrigen Räumen hängen doch nur die Bilder. Die Geige befindet sich im Schaukasten und das Reiseklavier ist so klein, steht auf so zierlichen Beinen, du würdest sie sofort sehen, wenn sie dahinter stände."

„Genau! Und auch im Säulengang zum Hof und in den Toiletten steckte sie nicht."

Also doch unten, denke ich.

„Ich laufe schnell die Treppe in den ersten Stock herunter, die Kutsche kommt nicht in Frage. Ich saß ja die ganze Zeit auf dem Gepäck vorne und lächelte in die Kameras, da hätte ich sie, wäre sie in der Kutsche gewesen, gesehen. Im nächsten Raum stehen nur das Bett, der Waschtisch mit dem Spiegel und in der Ecke der Paravent."

„Und?", will ich wissen.

„Nichts!" Amadeus lächelt.

Also versteckt sie sich im dritten Zimmer! „Jetzt kannst du noch unter den Schreibtisch schauen und in die Nische bei der Kommode. Unter dem Tisch hätte sie Fräulein Kleinmayer auf ihrem letzten Kontrollgang entdeckt."

„Das dachte ich auch, doch als ich mir die Nische näher betrachte, höre ich hinter mir ein Geräusch und drehe mich um. Da,

Constanze Mozart, 1783, Lithographie nach einer in Wien gemalten Miniatur

hinter dem gelben Paravent! Zuerst sehe ich nur ein Stückchen ihrer Haare, dann das ganze Gesicht. Mit großen Augen betrachtet sie mich und bringt ein ‚Hallo!' über die Lippen.

Ich reiche ihr die Hand, die sie nur zögerlich anfasst." Und murmelt vor sich hin. „Sie sieht wunderschön aus!"

Mit einem Blick auf Amadeus, weiß ich, was los ist. „Sag nicht, dass du dich in sie verliebt hast. Ihr kennt euch doch gar nicht, und überhaupt. Du bist doch nicht einmal zehn? Wie kannst du dich da in meine Mama verknallen?"

Amadeus steht mit Schwung auf.

„Ich bin alt genug, das kannst du mir glauben. Damals hatte ich immerhin schon fast 240 Jahre auf dem Buckel."

Er setzt sich wieder und redet dann weiter: „Außerdem gibt es da noch ein Geheimnis, von dem ich dir bislang nichts erzählt habe. Es hat etwas mit dem Zwinkern zu tun. In dem Augenblick, in dem der Betrachter mich sehen will, kann ich als Gleichaltriger vor diesem auftauchen."

Ich rechne, vor meiner Geburt, hat er gesagt. Mama muss damals Mitte, höchstens Ende Zwanzig gewesen sein.

Unterdessen redet Amadeus weiter. „‚Du bist echt, nicht wahr?', will deine Mutter wissen.

Ich nicke und führe sie ins Wohnzimmer. Auf dem Sofa nehmen wir Platz und dann beginne ich zu erzählen."

Alles klar! „So wie heute von deinen Reisen und den ersten Auftritten", werfe ich ein.

„Nein, nicht ganz. Sie interessiert sich eher für meine späteren Jahre. Eine ganze Nacht lang erzähle ich ihr von meinen ersten Liebeleien, meiner Frau Constanze sowie den Opern *Die Hochzeit des Figaro* und *Don Giovanni*."

Ich schlucke. Aha, die Weiberhelden! Das sieht Mama ähnlich.

Jetzt geht mir auch ein Licht auf. Das erklärt, weshalb Mama fast ausschließlich Mozart hört. Und wahrscheinlich kommt sie deshalb Jahr für Jahr hierher.

„In den frühen Morgenstunden schläft sie auf dem Sofa ein.

Handschrift aus Mozarts Oper „Die Hochzeit des Figaro"

Ich küsse sie auf die Stirn, sie spürt es wahrscheinlich nicht einmal, und verschwinde, bevor das Museum wieder öffnet. Das ist alles."

„Ihr seid euch seitdem nie wieder begegnet? Obwohl sie jedes Jahr hierher reist, um dich wiederzusehen. Warum zeigst du dich ihr nicht? Willst du sie quälen?"

Amadeus schüttelt den Kopf. „Quatsch! Was denkst du denn von mir, Valentin? Ich kann einfach nicht! Sie ist zu alt! Außerdem w..."

So ein Unsinn! Ich unterbreche ihn. „Zu alt? Moment mal, meine Mama ist 36, das ist doch nicht alt."

„Du vergisst, dass ich ein Kind des 18. Jahrhunderts bin. Die damalige Medizin bietet kaum die Möglichkeit, eine schwere Lungenentzündung zu überleben. Die Reisen strengen an, und wenn du dir die Masern holst, kann es sein, dass du sie nicht überlebst. Zu meiner Zeit werden die Menschen nicht so alt wie heute.

Und ich bin im Alter von 35 Jahren gestorben. Heute werden die Menschen viel älter! Im übrigen kommt sie nicht wegen mir hierher, sondern wegen dir!"

Er steht auf und geht in Richtung Tür.

Wegen mir? Ich? Jetzt verstehe ich gar nichts mehr. „Du irrst dich! Ich wollte noch nie freiwillig hierher, das kannst du mir glauben!"

Himmel, was sag ich da?

Amadeus betrachtet mich lächelnd aus dem Türrahmen. „Ich kann dem Betrachter nur als Gleichaltriger begegnen, das sagte ich doch bereits." Erst in diesem Augenblick geht mir ein Licht auf. All die Jahre mit ihr in Salzburg. Mama wollte stets, dass ich ihm begegne, weil sie die Nacht neben Mozart auf dem Sofa verbracht hatte.

Ich bin hier, damit er mir von sich erzählt, von seinen Reisen, den Abenteuern. Ich finde keine Worte.

8. Kapitel
Schildert, wie Amadeus den englischen König mit Händel-Musik verzaubert und beschreibt die Weiterreise der Familie von London nach Den Haag

Doch ich habe meinen Faden verloren. Wo bin ich stehen geblieben, bevor ich rot geworden bin?"
„Bei Händel!"
Amadeus räuspert sich und holt tief Luft. „Stimmt! Schau, die Musik von Georg Friedrich Händel erinnert mich immer an diese altmodisch hochgetürmten Perücken, die früher in Mode waren. Das ist auch kein Wunder, denn er wurde 1685 geboren, zu einer Zeit, die man Spätbarock nennt. Am französischen Hofe ist es damals üblich, rote Perücken oder goldblonde Perücken zu tragen. So eine hatte Händel seinerzeit wohl auch, bis sich die Mode änderte und diese scheußlichen weißen Modelle modern wurden, wie man sie noch zu meiner Zeit in Frankreich trägt.

Der Nachteil dieser weißen Perücken ist, dass du sie fortwährend pudern musst, sonst bleiben sie nicht weiß. Allerdings nistet sich dann das Ungeziefer darin ein. Wer schön sein will, muss also leiden und damit leben, dass es sich auf seinem Kopf allerlei Flöhe und Läuse gemütlich machen.

Händel jedenfalls hasste das Ungeziefer und ließ sich vielleicht aus Protest ohne Perücke porträtieren, was in der damaligen Zeit einen richtigen Skandal auslöste.

Von Frankreich ging er nach England an den königlichen Hof von George I. Ihm zu Ehren komponierte er *Die Wassermusik*, ein Werk, das aus drei Suiten in unterschiedlicher Besetzung und Tonart besteht.

„Warum heißt das Stück denn *Die Wassermusik*?", will ich wissen.

„Ganz einfach, komm mit ich zeig's dir."

Amadeus steht auf und ich folge ihm durch die Zimmer. Wir gelangen zu den Toiletten. Was hat er denn jetzt vor? Er will doch nicht etwa mit mir auf's Klo gehen, schließlich sind wir doch keine Mädchen.

Amadeus öffnet die Tür der Herrentoilette und geht zum Waschbecken. „Du musst mir helfen!", sagt er und nimmt meine Hand und drückt sie auf den Ausguss.

Er lässt Wasser ins Becken laufen.

„Irgendjemand hat wohl vor Jahren den Stöpsel mitgenommen und seitdem kann ich Händels *Wassermusik* nur noch spielen, wenn ich einen Assistenten habe und nicht allein bin."

Als das Becken fast voll ist, dreht er den Wasserhahn zu und lacht mich an.

„Bereit?"

Ich nicke. „Alles klar, Maestro!", antworte ich.

Er formt seine Hände zu einer Art Trichter, holt tief Luft und singt eine Melodie in seine Hände, die in das Wasserbecken eintauchen. Es klingt lustig, ein bisschen als ob er in dem Wasser gurgeln würde.

Amadeus hebt den Kopf. „Siehst du, so in etwa klingt Händel."

Ich bin begeistert. Die *Wassermusik* von Georg Friedrich Händel ganz eigenwillig interpretiert von Wolfgang Amadeus Mozart.

„Natürlich heißt das Stück aus einem besonderen Grund *Wassermusik*", erklärt Amadeus. „Händel komponierte sie für eine Bootsfahrt des englischen Königs im Jahr 1717. In dem Orchester spielten damals rund fünfzig Musiker, darunter vor allem Bläser mit Waldhörnern, Oboen, Fagotten, allerlei Flöten, aber auch Geigen und Bässe und, nicht zu vergessen, die Trompeten!

Schade, dass ich keine Trompete hier habe, wie damals in London. Dort hatte ich nämlich die Idee, Händels *Wassermusik* mit einer Trompete in einem Wassereimer zu spielen. Das gefiel dem König sehr, und mit meiner besonderen Art Händel zu spielen mache ich ihn auf meine eigene Musik neugierig.

‚Wer soviel Quatsch im Kopf hat wie ihr Sohn, dem muss man einfach zuhören.', sagt er zu Vater.

Fortan spielen wir regelmäßig im königlichen Palast und mein Vater beschließt, dass wir auch den kommenden Winter in London verbringen. Ich freue mich riesig, denn am Hof habe ich bei einem Konzert Johann Christian Bach, den Sohn von Johann Sebastian Bach, kennen gelernt und mich mit ihm angefreundet. Allerdings ist er schon ein bisschen älter als ich."

Ich schaue Amadeus aufmunternd an. „Hey, das macht doch nichts. Mein Kumpel Luca ist auch schon zwölf, und damit vier Jahre älter als ich, aber Fußball spielt er noch wie ein ganz junger Hüpfer!"

Amadeus überzeugt das nicht, er schüttelt den Kopf.

„Nein, zwischen mir und Johann Christian liegen ein paar Jahre mehr. Er ist 30 Jahre alt als ich ihn kennen lerne, und ich bin damals noch nicht ganz acht Jahre alt."

„Verstehe", sage ich voller Mitleid, „du hast dich also mit diesem alten Knacker angefreundet."

Amadeus runzelt die Stirn und seine Stimme klingt ein wenig beleidigt.

„Wieso Knacker? Johann Christian Bach gilt in London als der beste Komponist der jungen Generation und er ist immerhin der Klavierlehrer der Königin von England. An ihm knackt gar nichts, das kannst du mir glauben. Ich verstehe mich mit ihm so gut, dass es ein Leichtes ist, ihn zu überreden, mir zweimal die Woche Musikunterricht zu geben."

Ich bin entsetzt. „Das glaube ich nicht! Wieso das denn? Du bist doch Mozart, da hast du doch gar keinen Unterricht nötig!"

„Unterricht klingt vielleicht ein bisschen hässlich. Aber du kannst mir glauben, dass ich mit Johann Christian ziemlich lustige Stunden verbringe und trotzdem von ihm lerne. Beispielsweise zaubern wir zusammen am Klavier.

Das geht so: Er nimmt mich auf den Schoß, beginnt eine Melodie zu spielen und ich greife auf ein Zwinkern von ihm in die Tasten. Wenn niemand hört, wer von uns beiden spielt, haben wir gewonnen.

Eines Tages zeige ich ihm den Quatsch, den ich mir damals in Salzburg mit Nannerl ausgedacht habe. Die Sache mit dem vierhändigen Klavierkonzert. Erinnerst du dich? Ich habe dir davon erzählt. Johann Christian mag es sehr, und ich muss zugeben, dass mir das gemeinsame Spiel mit ihm noch mehr Spaß macht als mit meiner Schwester.

Im Winter 1764 brechen politisch unruhige Zeiten an. Die Gesellen der Seidenweber gehen auf die Straßen und protestieren, weil sie keine Arbeit haben. Sie tragen schwarze Fahnen und haben grüne Schürzen, ihre Arbeitskleidung, um. Sie machen die französischen Weber und Händler mit ihren niedrigen Preisen dafür verantwortlich, dass die englische Ware auf den Märkten kaum mehr gefragt ist. Deshalb fordern die Weber ein Einfuhrverbot oder wenigstens hohe Zölle auf die französische Ware.

Lautstark ziehen die unzufriedenen Handwerker durch die Straßen Londons und umzingeln das Parlament. Mein Vater ist außer sich. Wegen der Aufstände bleiben die Einladungen der Adeligen aus und wir langweilen uns in unserer Wohnung.

Der Ärger der Weber richtet sich vor allem gegen den Herzog von Bedford, der für die schwierige Lage und die fehlenden Handelsbeschränkungen verantwortlich gemacht wird.

Als die Weber sein Haus stürmen und versuchen es zu plündern, greifen die Truppen des Königs ein. Der Herzog von Bedford kommt glimpflich davon. Bei einem Versuch London in einer Kutsche zu verlassen, hat er weniger Glück.

Zornige Weber zerren den Herzog aus der Kutsche und prügeln ihn fast zu Tode. Erst in Anbetracht der auftauchenden Kavallerie des Königs hören sie auf, um selbst abzuhauen. Das waren ziemlich wilde Zeiten, auf beide Seiten gab es leider sehr viele Verletzte.

Nach diesem Aufstand der Seidenweber im Frühjahr 1765 ist die Lage in der Stadt angespannt. Die Wut der Handwerker richtet sich auch gegen das Königspaar, das angeblich nicht einmal der englischen Sprache mächtig sei. König George III. steht unter diesen Umständen der Sinn nach ganz anderen Dingen. Für ihn und seine Frau brechen schwierige Zeiten an. Das beeinträchtigt auch unser Leben, denn am Hof hat man andere Sorgen als unserer Musik zu lauschen.

Mein Vater hieße nicht Leopold, wenn er nicht immer noch eine Idee hätte. Er beschließt, dass wir gegen Eintritt zu Hause öffentliche Konzerte geben.

In der nächsten Zeit steht unser Haus nachmittags jedem offen, der unsere Konzerte hören mag. Allerdings ist die ganze Sache ein bisschen mühselig, weil uns für so viele Besucher der Platz fehlt. Auch der geplante Verkauf meiner Kompositionen verläuft nicht ganz so erfolgreich, wie dies mein Vater gehofft hatte.

In dieser Zeit besuche ich mit Nannerl zum ersten Mal in meinem Leben einen Tierpark. England ist inzwischen eine riesige Handelsmacht und aus Indien und Afrika bringen Kaufleute exotische Tiere mit. Nannerl ist komplett aus dem Häuschen, als sie zum ersten Mal den Esel sieht, der aussieht wie unser Cembalo."

„Du willst mir doch nicht erzählen, dass ihr im Zoo einen Esel mit einer Tastatur gesehen habt. Den Bären kannst du jemand anders aufbinden, mein Lieber."

Ich glaube Amadeus kein Wort.

„Doch, Valentin, wenn ich es dir doch sage. Das Tier hat die Größe eines Esels und ist schwarz mit weißen Streifen. Genauso sieht unser Cembalo doch aus!", er zieht mich zu dem Instrument.

Als hätte ich in meinem Leben noch nie ein Cembalo gesehen. „Ich weiß, was ihr gesehen habt. Es ist ein Zebra! Sie leben in den Steppen Afrikas. Allerdings sieht das Klavier, das bei uns daheim steht, anders aus als dein Cembalo. Es hat weiße Tasten und die kleinen Tasten sind schwarz."

Amadeus lacht. „Das ist wie mit dem Esel, meiner ist schwarz mit weißen Streifen und deiner heißt Zebra und trägt weiß mit schwarzen Streifen."

„Als in London weitere Einladungen der höfischen Gesellschaft ausbleiben, beschließt mein Vater im April 1765 unsere Abreise. Doch so schnell kommen wir nicht weg. Meine Eltern klagen über die bevorstehende Packerei. Bereits seit zwölf Monaten wohnen wir in London und nun überlegen sie sehr genau, was aus all den Dingen wird, die sie angeschafft oder wir Kinder geschenkt bekommen haben.

Zum Teil handelt es sich um Kleidung, aber sie haben auch kleine Möbel gekauft, die nach Salzburg müssen. Am meisten flucht Vater allerdings über die vielen unnützen Geschenke, die nun ebenfalls eingepackt werden müssen. Wer braucht schon Unmengen von Uhren, Tabaksdosen, silbernen Haarbürsten und all die Sachen, mit denen uns der Adel so reich beschenkt hat, anstatt uns für unsere Konzerte anständig zu bezahlen?

Meine Eltern möchten in London jedenfalls nichts zurücklassen. Weil wir nur über einen beschränkten Platz im Gepäck verfügen, beschließt mein Vater, einen Teil der Sachen nach Paris bringen zu lassen. Denn auch dort ist vor unserer Abreise nach England einiges zur Lagerung aufgegeben worden.

Von Paris soll das gesamte Gepäck dann weiter nach Salzburg geschickt werden. In den Briefen an seine Freunde bittet mein Vater inständig, sie mögen in der nächsten Zeit auf jegliche Anschaffungen verzichten. Er hofft, dass wir auf diese Weise etliches von den vielen nutzlosen Dingen loswerden.

Drei Monate später, im Juli 1765, verlasse ich mit meiner Familie London. Insgesamt sind wir achtzehn Monate in England gewesen. Ich freue mich riesig als mein Vater vorschlägt, den Weg nach Salzburg mit einem kleinen Schlenker über Mailand und Venedig zu nehmen.

Italien stelle ich mir wirklich umwerfend vor und deshalb wünsche ich mir nichts sehnlicher, als meine erste Oper am liebsten in Venedig zu komponieren.

Fast klappt es. Doch irgendein holländischer Botschafter macht mir einen Strich durch die Rechnung. Er versichert Vater in einem Brief, dass uns der Prinz von Oranien und seine Schwester Caroline sehnsüchtig erwarten.

Ich bin richtig enttäuscht! Schließlich habe ich bis zu diesem Zeitpunkt bereits etliche Arien in italienischer Sprache komponiert. Außerdem bin ich sauer auf diesen Prinzen von Oranien. Muss der denn unbedingt in Den Haag leben?

Zunächst einmal müssen wir in Dover wieder auf das Schiff. Diesmal ist die Überfahrt nach Calais nicht allzu schlimm, der Wind steht günstig, so dass wir für die Fahrt nur dreieinhalb

Stunden brauchen. Diesmal ist mir auch nicht so schlecht wie bei meiner ersten Seereise.

In Calais steigen wir wieder in unsere alte Kutsche um und fahren erst einmal nach Lille, eine kleine französischen Stadt im Norden Frankreichs. Wir bleiben vier Wochen, denn dummerweise bekomme ich eine fette Halsentzündung und muss das Bett hüten.

Die Reiseapotheke gelangt mal wieder zum Einsatz. Vater verabreicht mir regelmäßig seine Medizin und macht mir Fußbäder.

Doch kaum bin ich wieder gesund, wird er krank. Deshalb versuche ich nun, mich um ihn zu kümmern. Leider ist er unausstehlich, wenn er krank ist. Sogar auf das Klavierspiel muss ich verzichten, damit er seine Ruhe hat. Also versuche ich, mir die Zeit als Arzt zu vertreiben und mache ihm nun Fußbäder, die ich ihm zum Bett trage.

Wahrscheinlich bringe ich sie ihm zu häufig. Mal ist ihm das Wasser zu heiß und mal zu kalt, jedenfalls schimpft er die ganze Zeit. Als es ihm etwas besser geht, richtig gesund ist er wohl noch nicht, fällt uns ein Stein vom Herzen und wir können endlich weiterreisen, über Gent und Antwerpen – das liegt heute in Belgien. Doch dieser Staat existiert zu meinen Lebzeiten noch nicht, Brüssel gehört damals noch zu Österreich. Erst 1830 wird Belgien ein eigener Staat.

In Den Haag geben wir einige Konzerte und besuchen den Prinzen von Oranien und seine Schwester Caroline. Eigentlich wollen wir kurze Zeit später nach Paris aufbrechen, doch Nannerl erkrankte sehr schwer.

Sie bekam hohes Fieber, sprach in den Träumen wirres Zeug in verschiedenen Sprachen. In dieser Situation habe ich meinen Vater zum ersten Mal richtig hilflos erlebt. Mehrere Ärzte versuchen Nannerl wieder auf die Beine zu bringen, doch nichts hilft.

Niemals zuvor sahen meine Eltern so traurig aus wie in diesen Tagen, denn sie fürchten, dass meine Schwester sterben muss. Gegen Typhus, so heißt die Krankheit, war man damals machtlos. Und dann geschieht ein Wunder, Nannerl erholt sich langsam und wird wieder gesund.

Doch nur wenige Tage später werde ich krank. Anscheinend habe ich mich bei Nannerl angesteckt, denn die Krankheit verläuft ebenso bedrohlich wie bei meiner Schwester. Zwei Wochen lang leide ich unter dem hohen Fieber, meine Lippen sind von der Krankheit ganz schwarz und schälen sich  seit Tagen. Es ist schrecklich, ich fühle mich so elend.

Meine Eltern hoffen auf wildfremde Menschen, die Hilfe versprechen, und versuchen alles mögliche, um mich abzulenken. Mein Vater engagiert sogar einen Mann, der Stimmen und Instrumente imitiert.

Weil mir schrecklich langweilig ist, überrede ich meinen Vater mir ein Brett am Bett zu befestigen. So kann ich wenigstens ein bisschen komponieren. Viel bekomme ich allerdings nicht zustande, weil mir die Feder dauernd aus der Hand fällt. Nach schier endlosen Tagen komme ich wieder zu Kräften und erhole mich."

„Sag mal, hattest du nicht schreckliches Heimweh, als du so krank warst? Wäre es nicht an der Zeit gewesen, nach Hause zu reisen?"

Amadeus nickt. „Ja du hast Recht. In Den Haag bin ich zum ersten Mal richtig traurig und spüre so etwas wie Heimweh.

Vielleicht hängt das aber auch mit den Briefen zusammen. Mein bester Freund in Salzburg heißt Kajetan Hagenauer, er ist der Sohn des Vermieters. Mit seinem Vater bleibt mein Vater während unserer ganzen Reise in Briefkontakt. Haarklein schildert mein Vater in seiner Post von unseren Reiseeindrücken, den Erfolgen bei unseren Konzerten und vom Leben an den unterschiedlichen Höfen. Die Briefe sind meist vierzehn Tage lang unterwegs, bis sie Salzburg erreichen. Die Antwortschreiben Hagenauers lassen meist nicht lange auf sich warten.

In einem der letzten Briefe hat Vater Hagenauer uns geschrieben, dass Kajetan in ein Kloster gehen wolle. Der Entschluss meines Freundes steht fest und die Eltern wollen ihn nicht daran hindern.

Als Vater mir das vorliest, bin ich traurig und zutiefst verletzt. Kajetan kann doch nicht so einfach hinter dicken Klostermauern verschwinden und mich allein zurücklassen."

„Hey, Moment mal, Amadeus, du bist doch derjenige, der schon seit Ewigkeiten nicht mehr zu Hause war. Vielleicht fühlt sich Kajetan ohne dich mindestens genauso einsam und geht nur deshalb ins Kloster."

Ein besseres Argument fällt mir nicht ein. Es ist doof, aber irgendwie habe ich keine Idee, wie ich Amadeus sonst trösten könnte.

Er seufzt. „Zu gern wäre ich wieder nach Salzburg zurückgekehrt. Ich hätte Kajetan liebend gern noch einmal Adieu gesagt.

Außerdem sind wir zu diesem Zeitpunkt schon fast seit zweieinhalb Jahre unterwegs. Ich versuche Vater zur schnellen Heimreise auf dem kürzesten Weg zu überreden.

Doch mein Vater ist strikt dagegen. Ich bin damals fast zehn Jahre alt und er weiß, dass an den Höfen vor allem junge Musiker, Kinder wie wir, gefragt sind. Im Übrigen fehlt meinen Eltern durch die Zeit unserer Krankheit Geld. Die vielen Ärzte müssen bezahlt werden und wir haben ja einige Wochen lang kein einziges Konzert gegeben. Also setzen wir unsere Tournee fort.

Als ich halbwegs wieder auf den Beinen bin, organisiert uns mein Vater ein neues Konzert in Amsterdam. Auf den Plakaten mogelt er ein wenig mit meinem Alter und macht mich um ein ganzes Jahr jünger als ich eigentlich bin.

Die Plakate behaupten, dass ich noch keine neun Jahre alt wäre. Das ist natürlich eine dicke Lüge. Trotzdem merkt es keiner, denn seit unserer Abreise in Salzburg vor zweieinhalb Jahren bin ich keinen Zentimeter mehr gewachsen.

Von Amsterdam geht es wieder nach Den Haag zurück. Der Prinz von Oranien ist mittlerweile volljährig geworden und übernimmt nun offiziell den Thron. Der Hof veranstaltet dem Prinzen zu Ehren eine riesige Feier mit Musikern, Gauklern und Akrobaten.
Das Fest übertrifft alles, was ich je erlebt habe. Von den Speisen die serviert werden, läuft mir jetzt noch das Wasser im Moment zusammen, wenn ich daran denke. An jeder Ecke gibt es riesige Stände mit Süßigkeiten.
Zu später Stunde erleben wir ein türkisches Märchenspiel von unglaublicher Schönheit. Es treten sogar als Kamele verkleidete Pferde auf. Und zum Abschluss des Festes gibt es ein riesiges Feuerwerk in Tausenden von Farben zu sehen.
Wenn Menschen solche leuchtenden Sterne an den Himmel zeichnen können, warum kann mir dann niemand ein Kamel ans Firmament malen?"
Amadeus liebt offensichtlich Kamele. Merkwürdig ist das schon, weil ich mir den Grund dafür einfach nicht erklären kann. Aber mir fällt etwas ein, vielleicht kann ich ihn nachher damit überraschen.

9. Kapitel
Erzählt von Mozarts etliche Monate dauernden Heimreise nach Salzburg

Unsere Kutsche ächzt unter den unglaublichen Mengen von Gepäck, als wir Ende April 1766 Holland in Richtung Paris verlassen. Du kannst dir gar nicht vorstellen, wie voll der Wagen ist, in dem wir reisen."

Ich weiß, wovon er redet, und denke an Mama.

„Hast du eine Ahnung, mein Lieber. Du bist noch nie mit meiner Mama aus dem Urlaub zurückgekehrt. Sie hat ein großes Herz für alle möglichen und unmöglichen Reiseandenken und packt unseren Kofferraum und auch die Rücksitzbank immer knallvoll."

Amadeus nickt, auch ihm scheint das Phänomen vertraut zu sein.

„Mein Vater findet immer hier noch zwei Bücher, die ihm in seiner Sammlung fehlen, oder da noch ein Bild, das er sich wunderbar in unserer Salzburger Wohnung vorstellen kann.

Gott sei Dank, bewahrt uns meine Mutter immer vor dem größten Kram. Schon kurz bevor er wieder einen seiner gefürchteten Einkäufe tätigt, zeigen sich auf ihrer Stirn steile Falten. Ihre Stimme klingt dann immer sehr sanft und geduldig, wenn sie es ihm erklärt.

,Hab keine Sorge, Poldi, wir bekommen die Bilder ganz leicht in der Kutsche unter. Da ist noch reichlich Platz. Vorausgesetzt allerdings, du legst den Weg nach Salzburg zu Fuß zurück!'

Das meint sie ernst, und Papa weiß es. Auf diese Weise bewahrt sie uns vor dem Schlimmsten und so bleibt uns in der Kutsche wenigstens ein bisschen Platz für die Füße.

In Paris sorgt wieder einmal Baron Melchior von Grimm für volle Konzerte. Diesmal empfängt uns der Adel sehnsüchtig in den Salons der Stadt. Doch die Neugier, mit der man uns entgegen tritt, hat sich gegenüber unserem letzten Aufenthalt komplett verändert. Damals ging es noch um unsere musikalischen Kunststückchen.

Du erinnerst dich, ich musste Gott und der Welt beweisen, dass ich als glänzender Pianist in der Lage war, auf einer von einem Tuch verdeckten Klaviatur zu spielen.

Die vielen Auftritte an den europäischen Höfen haben dafür gesorgt, dass meiner Musik nun endlich zugehört wird. Mein Vater ist offenbar nicht der einzige Briefschreiber. Auch der Adel schreibt ausführliche Briefe, in denen man sich in jener Zeit Geschichten von der großartigen Musik des zehnjährigen Wolfgang Amadeus Mozart erzählt.

Und wieder folgt die Einladung nach Versailles. Gespannt wartet König Ludwig XV. darauf, meine neuesten Werke zu hören.

In diesen Tagen bin ich unglaublich glücklich. Die nächsten Konzerte geben wir in Lyon, Genf und Lausanne, und überall schlägt uns das Wohlwollen unseres Publikums entgegen.

Die Strapazen der Reise haben sich auf jeden Fall gelohnt. Ich habe Dinge gesehen, von denen andere Kinder nicht einmal träumen.

Ich habe gelernt, dass selbst die vornehmsten Geschöpfe des Adels, egal ob Kaiserin Maria Theresia oder König Ludwig XV. oder King George, ganz normale Geschöpfe sind, mit denen ich mich bestens unterhalten kann. Ich weiß jetzt, wie ich mich ihnen gegenüber benehmen muss. Sie haben mich als sechsjährigen Musiker kennen gelernt und sie wissen, dass in mir ein junger Komponist mit neuen Ideen steckt.

Die letzte Etappe unserer Rückreise vergeht wie im Flug. Die Städte Ulm, Augsburg und München rauschen nur so an mir vorbei. Unser Konzertplan ist so dicht wie selten davor. In zwölf Tagen gebe ich mit Nannerl manchmal neun Konzerte. Überglücklich kehre ich nach Salzburg zurück.

Unsere Reise haben wir im Juni 1763 angetreten. Seit ich das letzte Mal zu Hause gewesen bin, ist viel Zeit vergangen. Immerhin sind wir dreieinhalb Jahre unterwegs gewesen. Ich freue mich unglaublich, als wir Ende November 1766 wieder zurück sind.

Die Freunde meiner Eltern, vor allem die Familie Hagenauer, bereiten uns ein wahres Willkommensfest. Sie können es kaum erwarten, dass wir von unseren Reiseerlebnissen erzählen.

Tagelang führen wir nicht enden wollende Gespräche und berichten von den vielen kuriosen Dingen, die uns begegnet sind.

Es ist wunderbar, wieder zu Hause zu sein. Alles ist plötzlich wieder so vertraut, die Menschen sprechen unsere Sprache und es ist auch kein Problem mehr, sich den Bauch mit Knödeln oder Nockerln voll zu schlagen. Unsere Wohnung riecht wie eh und je.

Mein Vater ist furchtbar stolz auf uns und unsere Erfolge. Er freut sich, dass die ganze Welt nun von seinen Wunderkindern spricht.

Die Reise hat sich trotz aller Mühen also wirklich gelohnt.

Was für mich aber das Wichtigste ist: Ich weiß jetzt, was ich für meine Zukunft möchte. Aus London und Den Haag habe ich meine ersten eigenen Sinfonien mitgebracht. Die können sich, wie ich finde, hören lassen. Daran werde ich weiterarbeiten.

Ich werde Komponist, vielleicht der außergewöhnlichste meines Jahrhunderts."

Amadeus schließt für einen Augenblick seine Augen.

Das ist meine Gelegenheit!

„Amadeus, lass die Augen zu und gib mir mal deine Hand." Ich greife in meine Hosentasche und hole den Filzstift heraus.

„Was hast du vor, Valentin?", fragt er und klingt ganz aufgeregt.

„Ist es eine Überraschung? Ich liebe Überraschungen, weil sie nämlich immer so unerwartet kommen, eben überraschend."

Ja doch, was er nicht sagt! Er zappelt furchtbar und ich werde gleich ganz ungeduldig, wenn er nicht still hält. Mit der rechten Hand stecke ich mir den Stift in den Mundwinkel und ziehe mit den Zähnen die Kappe herunter. Meine linke Hand versucht, Amadeus' nervöse Hand festzuhalten. Meine Güte, ist der aufgeregt.

„Aua, musst du so fest zugreifen?"

Den Deckel des Filzstiftes immer noch im Mund, versuche ich beschwichtigend auf ihn einzureden.

„Jetzt halt doch mal still. Ich tue dir doch nichts", sage ich nuschelnd und spucke die Kappe aus.

„Mit meinen Händen bin ich halt empfindlich, das wärst du als Pianist auch."

Vielleicht hat er Recht. Also beeile ich mich.

„Hey, das kitzelt!", Amadeus kichert und seine Finger sind noch unruhiger als vorher.

„Ja, es kitzelt, und du zappelst jetzt einen Moment lang nicht so herum und blinzelst nicht mit den Augen bis ich fertig bin."

Endlich, nur noch ein letzter Punkt. Geschafft!

„Jetzt kannst du wieder schauen."

Amadeus nimmt die linke Hand von seinen Augen. „Du hast ... Das ist großartig, Valentin! Vielen Dank! So eines habe ich mir schon immer gewünscht! Jetzt habe ich endlich ein Kamel in einer handlichen Größe. Ich bin begeistert. Ein Kamel, das nicht gefüttert werden muss und das nicht scheißt, wie praktisch. Ein Kamel für Salzburg. Es ist... wunderschön!"

Und eh' ich mich versehe, klebt ein dicker nasser Kuss auf meiner Wange.

Igitt!

Ein Junge, Wolfgang Amadeus Mozart, hat mich soeben geküsst. Verlegen bücke ich mich nach meine Filzstiftkappe, hebe sie auf und stecke sie wieder auf den Stift. Weil mir nichts Besseres einfällt, strecke ich ihm den Stift entgegen.

„Da, den kannste behalten!" Hoffentlich klingt das halbwegs cool.

10. Kapitel
Erzählt von einem kurzen Heimspiel in Salzburg und der Weiterreise nach Wien

Amadeus schaut mich mit großen Augen an und murmelt ein leises Dankeschön.

Verflixt, jetzt ist er sprachlos.

Ich versuche, ihn wieder zum Reden zu bringen. „Weihnachten im Jahr 1766 verbringt ihr also daheim?"

„Richtig! Doch leider freuen wir uns kein bisschen. Bei uns bricht die große Langeweile aus. Salzburg kommt uns auf einmal so klein vor. Papa stellt ein Dienstmädchen ein, das in Zukunft unsere Wäsche in Ordnung hält und bügelt. Leider kocht sie nicht allzu gut.

Doch weißt du, was das Schlimmste an Salzburg ist? Hier ist nichts los!

Im Winter fällt halt Schnee und drinnen spielen wir Weihnachtslieder. Sicher, Mama freut sich über den Weihnachtsbaum. Doch wir anderen drei sitzen darunter und vermissen den Trubel der Reisen." Amadeus seufzt.

„Komisch, ich kann mir gar nicht vorstellen, dass du wieder weg willst. Die Stadt lebt heute von deinem Namen. Kaum ein Eckchen, an dem nicht ein T-Shirt, eine Postkarte oder irgendein anderer Schnickschnack an dich erinnert."

„Ja, das weiß ich ja auch, Valentin. Trotzdem starre ich mit Nannerl die Wände an. Doch leider erzählen sie uns nichts von der großen weiten Welt. Unsere Tage verlaufen immer im gleichen Trott.

Überleg doch mal, was ich in den letzten Jahren alles erlebt habe. Kaiserin Maria Theresia behandelt mich mittlerweile fast wie eines ihrer Kinder und steckt mir Leckereien zu. Sie mag mich.

In Versailles durfte ich heiße Schokolade aus winzigen Tässchen schlürfen und in London habe ich mit König George nachmittags regelmäßig Tee getrunken. Welches Kind erlebt schon so etwas? Bei all unseren Besuchen kleiden wir uns vornehm, immer nach der neuesten im jeweiligen Land üblichen Mode."

Das verstehe ich nicht. „Ist es nicht egal, was du anhast?"

Amadeus sieht mich entsetzt an. „Nein, natürlich nicht. Nehmen wir zum Beispiel die Franzosen. Ausgeschlossen, dort ohne Perücke aufzutreten. Vater hat immer dafür gesorgt, dass wir bei unseren Konzerten dem Publikum gegenüber würdig auftreten. Sprich, anständig aussehen. Zurück in Salzburg spielt das auf einmal keine große Rolle mehr.

Eines Tages ruft uns Fürsterzbischof Schrattenbach, Vaters Arbeitgeber, zu sich. Meine Erfolge haben sich bis zu ihm herumgesprochen. Vielleicht möchte er sich ein bisschen mit meinen Künsten schmücken, schließlich hat er uns die lange Reise

durch Europa erst ermöglicht, indem er Vater sein Gehalt als zweiter Kapellmeister weiter gezahlt hat.

Ich soll für Schrattenbach kleine Stücke für verschiedene Anlässe komponieren. Das macht mir natürlich Spaß, besonders, weil ihm meine Musik gefällt. Außerdem bin ich dadurch beschäftigt.

Eines Tages schaut er mich merkwürdig an und fragt mich, ob nicht vielleicht mein Herr Papa das komponiert habe. Schließlich sei ich doch erst elf Jahre alt.

Ich bin entsetzt und bekomme vor Staunen den Mund nicht auf. Mein Vater steht neben mir und ich sehe das Unglück auf uns zukommen.

Mein Vater und seine Gefühlsausbrüche! Ich sehe, wie er einen hochroten Kopf bekommt und voller Wut reagiert. In dieser Stadt leben viele Neider, die uns den Erfolg nicht gönnen, erklärt ihm Vater. Deshalb verbreiten sie Lügen über ihn und mich.

Wenn der Erzbischof nicht glaube, dass ich die Stücke allein komponiere, solle er mich doch mit Notenpapier in einem Raum einschließen.

Es herrscht Stille. Spinnt der, denke ich.

Das geht zu weit. Ich lasse mich doch nicht einsperren. Stell dir vor, sie sperren mich wie eine Henne in einen Stall, die das ersehnte Ei legen soll!

Zwar will ich das auf gar keinen Fall, aber ich traue mich nicht zu widersprechen. Außerdem bin ich sicher, dass uns der Erzbischof rausschmeißt, wenn ich mich weigere.

Doch es kommt anders. Schrattenbach sieht mich an, denkt einen weiteren Moment lang nach, blickt zu Vater und sagt: ‚Einverstanden!'

Wie ich das hasse!

Warum traut mir Schrattenbach nicht? Manchmal komme ich mir vor wie ein Gaukler. Ich habe in England einmal einen Seiltänzer im Park erlebt. Im Grunde genommen haben alle nur darauf gewartet, dass er stürzt. Ich bin sicher, sie sperren mich in das Zimmer ein, weil sie darauf warten, dass ich es nicht schaffe.

Der Fürsterzbischof fragt mich, ob ich mit der Komposition eines Oratoriums einverstanden bin. Ich traue meinen Ohren nicht, er weiß doch, wie alt ich bin. Auf meine Einwände hin erzählt er beschwichtigend, dass ein Teil der Komposition bereits fertig sei. Kein geringerer als Michael Haydn, der Bruder von Joseph Haydn, habe zwei Teile geschrieben.

Mein Vater ist entzückt. Und bevor ich etwas sagen kann, schüttelt er dem Erzbischof die Hand.

‚Gewiss, euer Gnaden werden höchst zufrieden sein. Er gebe meinem Sohn eine Woche Zeit und er wird staunen!'

Schade, ich werde nicht wirklich gefragt.

Ein paar Tage später finde ich mich im Schloss des Erzbischofs ein. Ich werde in ein Zimmer geführt, das ich nur verlasse, um etwas zu essen.

Die Arbeit macht mir Spaß, mir fällt schöne Musik ein. Ich beweise der Welt, dass ich komponieren kann! Schon nach vier Tagen bin ich fertig. Ich muss es Schrattenbach sofort zeigen.

Doch leider habe ich nicht mit seinem widerspenstigen Personal gerechnet. Sein Sekretär will mich nicht vorlassen, weil ich keinen Termin habe.

Aber ich kann auch nicht nach Hause, weil die Woche noch nicht vorüber ist. Ich überlege hin und her, was ich machen soll. Schlechtes Benehmen fällt aus, schließlich will ich ihn durch meine Arbeit beeindrucken und er soll mich doch in bester Erinnerung behalten. Andererseits kann ich doch unmöglich drei Tage warten, bis Schrattenbach zu mir kommt."

„Du kannst mit einem kleinen Hungerstreik drohen", schlage ich vor.

„Quatsch, Valentin! Komponieren macht hungrig, ohne Essen geht da nichts. Aber mir fällt etwas anderes ein. Ich lauere ihm auf!"

Ein gewisser Triumph liegt in Amadeus' Stimme.

„Wo denn?", will ich wissen.

„Na, vor dem Klo! Etwas Besseres fällt mir nicht ein! Selbst ein Fürsterzbischof muss mal! Der Rest ist ganz einfach. Ich wedele mit den Noten vor seinem Gesicht. Er wirft einen kurzen Blick auf die Papiere, schnappt sich die Notenblätter und verschwindet hinter der Tür. Nach einer Weile kommt er mit einer gewissen Zufriedenheit wieder heraus und fragt mich, ob es auch gut klingt.

Ich spiele es ihm vor und er ist begeistert. Er klopft mir auf die Schulter und bittet um Entschuldigung.

‚Es war dumm von mir, den Gerüchten zu glauben. In dir steckt ein großer Komponist, Amadeus!' Der Fürsterzbischof hat sich also bei mir für sein Misstrauen entschuldigt.

Zufrieden und voller Genugtuung lege ich den Weg nach Hause zurück und lasse mich von Nannerl und meinen Eltern ein wenig feiern.

In den nächsten Wochen taut der Schnee, der Frühling bricht an und Vater hört erste Gerüchte aus Wien. Im Sommer sind die Neuigkeiten dann amtlich.
Nachdem die Trauerzeit für den 1765 verstorbenen Kaiser vorüber ist, darf nun endlich wieder gefeiert werden. In Wien plant Kaiserin Maria Theresia die Hochzeit ihrer siebzehnjährigen Tochter, der Erzherzogin Maria Josepha, mit Ferdinand IV., dem König von Neapel.
Wenige Tage später wird uns ein Brief zugestellt. Nannerl und ich geraten völlig aus dem Häuschen, als wir die Einladung des kaiserlichen Hofes erhalten.
Wir tanzen durch die enge Wohnung bis uns Mama rausschmeißt. Aus Angst um Geschirr und Möbel sollen wir unsere Verrücktheiten lieber im Hof ausleben. Du kannst dir unser Glück nicht vorstellen. Endlich wieder raus hier!

Als Fürsterzbischof Schrattenbach von unserem geplanten Aufbruch nach Wien hört, bittet er Vater zu sich und wäscht ihm den Kopf.
Wie er sich das vorstelle, fragt er ihn. Er könne ihm keinen weiteren bezahlten Urlaub mehr gewähren. Schließlich seien wir über drei Jahre lang fort gewesen, und er habe das Gehalt meines Vaters weitergezahlt. Er verliere sein Gesicht, wenn er Vater auch in Zukunft bezahle. Vater müsse sich überlegen, ob er die Reise wirklich antreten wolle.
Doch Vater weiß, dass wir nach Wien müssen, um nicht in Salzburg zu versauern. Er verzichtet zähneknirschend auf sein Gehalt und hofft auf volle Konzertsäle und kleine Auftragsarbeiten.
Mitte September des Jahres 1767 kommen wir in Wien an. Die Hochzeitsfeierlichkeiten haben bereits begonnen, ganz Wien feiert auf Festen und Bällen das künftige Brautpaar.
Doch das Glück hält nach unserer Ankunft nur wenige Tage.

Dann bricht in der Stadt eine schreckliche Pockenepidemie aus. Innerhalb kürzester Zeit erinnert nichts mehr an unsere früheren Aufenthalte. Aus Angst sich anzustecken, bleiben die Bewohner der Stadt zu Hause.

Kein Mensch geht noch in Konzerte, die Opernhäuser sind leer. Wir warten täglich darauf, an den kaiserlich Hof gerufen zu werden, aber plötzlich werden alle Feierlichkeiten und die Hochzeit abgesagt. Der Grund ist schrecklich, am 15. Oktober stirbt die Braut."

„Auweia, das ist ja furchtbar! Der Bräutigam muss doch genauso unglücklich sein wie die Kaiserin. Was passiert jetzt mit dem Bräutigam? Der schaut doch jetzt dumm aus der Wäsche. Reist er wieder nach Italien zurück?"

„So einfach ist das nicht. Stell dir vor, er war schon einmal mit einer Tochter Maria Theresias verlobt. Die erste Braut hieß Erzherzogin Johanna Gabriele und starb wie ihre Schwester vor der Hochzeit. Damals waren politisch arrangierte Ehen zwischen den Könighäusern ganz üblich. Quer durch ganz Europa versprechen sich die Königshäuser untereinander ihre Kinder. Viele sind nicht älter als drei oder vier Jahre, wenn sie verlobt werden. Der König von Neapel bekommt die nächste Tochter Maria Theresias als künftige Frau zugesprochen.

Dann nimmt die Katastrophe ihren Lauf. In ganz Wien verbreiten sich mit rasender Geschwindigkeit die Pocken.

Jeder, der es sich irgendwie leisten kann, versucht die Stadt zu verlassen. Noch bleiben wir. Doch plötzlich erkranken auch die Kinder unserer Wirtsleute.

Noch nie haben meine Eltern unsere Sachen so schnell zusammengepackt. Mein Vater organisiert eine Kutsche und wir flüchten Ende Oktober in Richtung Osten nach Brünn.

Wir gelangen nach Olmütz, wo wir bei einem Freund von Vater unterkommen. Doch die verflixte Krankheit ist schneller als wir. Ich habe mich angesteckt. Erst zeigen sich auf meinem Gesicht rote Flecken und ein paar Tage später wache ich eines Morgens auf und kann nichts mehr sehen.

Ich bekomme hohes Fieber und friere in den nächsten Tagen bitterlich. Meine Mutter legt eine Decke nach der anderen über mich, doch vor Kälte klappern mir die Zähne. Außerdem setzt mir die Angst schrecklich zu, für immer blind zu bleiben.

Nach neun Tagen ist das Schlimmste durchgestanden. Blinzelnd erkenne ich meinen Vater im Türrahmen. Doch in den folgenden Tagen erkrankt auch Nannerl. Es dauert lange, bis wir wieder zu Kräften gekommen sind. Wir verbringen noch Wochen im Bett.

Eines Tages taucht ein Kartenkünstler bei uns auf. Mit Kartentricks und ein paar Zauberstückchen verschafft er uns einen kurzweiligen Nachmittag. Mir macht es Spaß und außerdem lerne ich an diesem Nachmittag, wie ich Münzen aus Nannerls Ohr ziehen kann.

Neujahr verbringen wir noch in Olmütz und kehren im Januar 1768 nach Wien zurück.

Die Stadt hat die Krankheit überstanden. Langsam füllen sich die Opernhäuser und Konzertsäle wieder. Mein Gesicht trägt noch hässliche rote Flecken, die Spuren der Pocken.

Wir kommen einigen Einladungen in den Salons des Adels nach. Doch anders als früher ernten wir nur enttäuschte Gesichter. Für das Publikum haben wir anscheinend den Reiz verloren, weil wir älter geworden sind. Vielleicht zu alt. Mit meinen zwölf Jahren bin ich eben nicht mehr das kleine niedliche Wunderkind, als das alle den Sechsjährigen noch in Erinnerung haben.

Wie immer heckt mein Vater die rettende Idee aus. Wenn ich mich als Komponist etablieren will, muss jetzt der Auftrag für eine erste Oper her."

Das kann nicht sein. Eine Oper packt er noch nicht. Amadeus ist viel zu jung, denke ich.

„Aber du bist doch gerade erst zwölf Jahre alt geworden. Traust du dir schon zu, eine Oper zu komponieren, Amadeus? Woher nimmst du die Geschichte?"

„Du hast ganz Recht. Einfach ist es natürlich nicht. Zunächst muss ein geeigneter Stoff gefunden werden. Dann ..."

Ich unterbreche ihn. „Wie meinst du das, ein Stoff? Für die Kostüme?"

„Ja. Nein. Anders!" Amadeus schüttelt den Kopf.

Er scheint sich nicht entscheiden zu können. Was denn nun?

„Wenn ich von einem geeigneten Stoff spreche, meine ich ein Stück, eine Geschichte, von der ich denke, dass sie sich für eine Vertonung eignet. Erst dann kann ein geeigneter Librettist gesucht werden, der den Singtext der Oper schreibt. Wenn er fertig ist, beginne ich mit der Komposition."

Das klingt kompliziert. Ich runzle die Stirn und überlege, wie wohl ein Zwölfjähriger an eine geeignete Geschichte kommt. Er könnte doch zum Beispiel Märchen vertonen. Aber vielleicht interessiert das nur Erwachsene. Was könnte er vertonen, das Kinder wie Erwachsene gleichermaßen interessiert?

Amadeus reißt mich aus meinen Gedanken. „Und es gibt noch einen Haken. Die Oper muss aufgeführt werden, sonst verschimmeln mir die Noten in der Schublade. Da kann sie noch so schön sein. Bevor du mit der Komposition beginnst, brauchst du den Auftrag eines Operndirektors oder meinetwegen auch einer anderen Person, die das Stück bezahlt. Auch das ist nicht so einfach.

Für die Konzertauftritte als Wunderkind scheine ich dem Publikum zu alt geworden zu sein. Für einen Komponisten hält mich aber alle Welt noch für entschieden zu jung. Ich stecke in der Zwickmühle. Selbst Vater fällt nichts ein, und das soll schon etwas heißen.

Da kommt uns die Einladung aus Schloss Schönbrunn gerade recht. Die Kaiserin lädt uns wieder zu einem Empfang ein. In zwei Tagen sollen wir uns nachmittags um drei Uhr im Schloss einfinden. Ich freue mich, die Kaiserin wiederzusehen, und kann es kaum erwarten, bis es endlich soweit ist.

Ein Diener führt uns die langen Gänge entlang zu ihrem Salon. Da steht sie, meine Kaiserin.

Sie wirkt kleiner und müder als noch vor ein paar Jahren. Sie trägt Trauerkleidung und möchte kein Konzert von uns hören. Aber sie fragt nach unseren Reiseerlebnissen. Mehrere Stunden lang erzählen wir ihr von unseren Eindrücken an den großen Höfen in Versailles und London.

Dann öffnet sich die Tür des Salons und der neue Kaiser kommt herein. Wir kennen ihn noch von früher. Kaiser Joseph II.

hat als ältester Sohn von Maria Theresia und Franz I. Stephan von Lothringen die Nachfolge seines verstorbenen Vaters angetreten und teilt sich mit seiner Mutter den kaiserlichen Thron.

Vater nutzt die Gelegenheit und erzählt ihm von den bislang gescheiterten Konzertversuchen. Der Kaiser wirkt abwesend, vielleicht hört er Vater auch gar nicht richtig zu oder er muss zu seinem nächsten Termin. Vater ist noch mitten im Wortschwall, er verliert sich in der Beschreibung der neuen Tabaksdosen, die wir nach den letzten Konzerten erhalten haben, da redet ihm der Kaiser plötzlich mitten in seine Ausführungen herein.

‚Er sollte es mit einer Oper versuchen.'

Meinem Vater bleibt die Rede im Halse stecken und er beginnt zu stammeln.

‚Seine Majestät meinen, äh, glauben, dass Amadeus eine Oper für Seine Majestät komponieren dürfe?'

Vater wirkt verblüfft und irritiert, doch auf einmal erkennt er die Chance.

‚Wenn Seine Majestät für die Aufführung einer Oper sorgen könnten, würde Ihn das Ergebnis sicherlich erfreuen.'

Der Kaiser nickt kurz, sagt noch: ‚Machen Sie alles weitere mit Affligio aus', und verlässt den Salon.

Die Kaiserin wirkt auf einmal müde und unsere Audienz scheint plötzlich beendet."

„Wer ist dieser Affligio, Amadeus? Hattest du den Namen vorher schon einmal gehört?"

„Bis zu diesem Zeitpunkt noch nicht. Doch bald lernen wir ihn als einen der größten Intriganten seiner Zeit kennen."

Amadeus holt tief Luft. „Giuseppe Affligio leitet als Direktor das kaiserliche Theater in Wien. Zunächst sieht alles wunderbar aus. Ich verstehe mich auf Anhieb mit Affligio und er schlägt für meine erste Oper ein Lustspiel nach Carlo Goldoni vor. Meine erste Oper wird *La finta semplice* heißen. Das ist italienisch und heißt soviel wie *Die verstellte Einfältige*.

11. Kapitel

Beschreibt die Arbeit an Amadeus' erster Oper *La finta semplice* und die damit verbundenen Schwierigkeiten, sowie die gefeierte Uraufführung von *Bastien und Bastienne*

Ich schwebe vor Glück im Himmel und Nannerl zwickt mich einen ganzen Tag lang. Ich habe sie darum gebeten, weil ich nicht sicher bin, ob ich das alles nur träume. Eine Oper darf ich komponieren. Ich. Eine richtige Oper!

Seit London träume ich von nichts anderem. Eine Woche lang habe ich einen dicken blauen Fleck am Arm, weil Nannerl meinen Auftrag sehr ernst genommen hat.

Dann muss es schnell gehen. Schließlich soll die Premiere schon in wenigen Monaten stattfinden. Ich lese mit Mühen Goldonis Lustspiel."

„Auf Italienisch?", will ich wissen.

„Ja, sicher, was glaubst du denn? Eine Übersetzung gibt es schließlich nicht und ich muss doch wissen, worum es geht. Affligio findet einen Librettisten, der sich kurze Zeit später an die Arbeit macht. Vater erhält von ihm in der Zwischenzeit 100 Dukaten für die Oper. Wir brauchen das Geld dringend, denn Schrattenbach zahlt das Gehalt meines Vaters ja nicht mehr.

Voller Ungeduld warte ich auf die ersten Seiten und beginne sofort mit meinem Werk. Ich bin so fleißig wie noch nie zuvor. In wenigen Wochen zwischen April und Juli 1768 entsteht auf 558 Notenseiten die Partitur meiner ersten italienischen Oper.

Zunächst scheint Affligio mit der Arbeit zufrieden. Er findet geeignete Sänger und die Proben beginnen. Ich gehe täglich in das Theater, um mit den Sängern die Partien einzustudieren.

Sie machen es mir nicht leicht. Den ganzen Tag bekomme ich zu spüren, dass sie mich, den junger Hüpfer, nicht ernst nehmen. Ich soll die Proben musikalisch leiten und später die Vorstellungen dirigieren, doch sie trauen meinen Leistungen nicht.

Eines Tages taucht ein Sänger mit der Bitte um die Änderung seiner Arie bei mir auf. Ich korrigiere meine Noten und er zieht zufrieden von dannen. Wenige Tage später kommt nach den Proben die Primadonna auf mich zu. Sie fragt mich, ob ich ihre Koloraturen ein bisschen höher ansetzen könne. Meinetwegen, denke ich und lasse mich überreden. Ich komponiere ihre Arie um.

Das war ein Fehler! Meine Nachgiebigkeit spricht sich in Windeseile herum und keine Probe vergeht, ohne dass ein Sänger seine Änderungswünsche vorträgt.

Aber es kommt noch schlimmer: Die Katastrophe nimmt ihren Lauf, als sie herausfinden, dass ich noch nie in Italien war.

Die Sänger, aber auch die Musiker im Orchester, beginnen Lügen und Mutmaßungen über mich zu verbreiten. Der alte Vorwurf taucht wieder auf. Irgend jemand behauptet, dass mein Vater die Oper komponiert habe, schließlich könne kein Zwölfjähriger solche Musik schreiben.

Das Gerede spricht sich schnell bis zu Affligio herum, der sich auf einmal ganz schrecklich verhält. Er will einen Skandal vermeiden, denn er hat das Theater nur gepachtet und er muss für jede Pleite gerade stehen. Nach allem, was über mich erzählt wird, glaubt er nicht mehr an den Erfolg von *La finta semplice*. Affligio bricht seinen Vertrag und verschiebt den versprochenen Termin der Uraufführung.

Ein neuer Termin wird gefunden und wiederum abgesagt, weil sich der Kaiser in Ungarn befindet. Giuseppe Affligio gibt vor, auf die Rückkehr seiner Majestät warten zu wollen. Wochen vergehen und inzwischen tobt mein Vater."

„Und du? Ärgert dich das nach all der Arbeit nicht?", will ich wissen.

„Du wirst lachen, Valentin. Aber mir lag damals mehr am Komponieren als daran, dass meine Arbeit auch aufgeführt wird. Das Komponieren der Oper ist ein Klacks gegen das, was darauf folgt.

In Opernhäusern brauchst du Nerven wie Drahtseile. Selbst die täglichen Proben strengen mich nicht so sehr an wie die Diskussionen mit den Sängern."

„Aber weshalb lässt du diese Diskussionen zu? Warum bleibst du nicht hart, wenn sie wieder etwas geändert haben möchten?"

„Weil ich mich vor den Intrigen fürchte. Außerdem fehlt mir, glaube ich, noch die Erfahrung. Sänger musst du bei Laune halten, sonst machen sie dir das Leben zur Hölle und singen nicht, wie du möchtest. Wenn ihnen etwas nicht passt, erscheinen sie schlecht gelaunt zu den Proben. Und noch etwas: Wenn du Musiker nicht wie empfindliche Blümchen pflegst, fühlen sie sich im Stich gelassen. Doch das wusste ich damals noch nicht.

Als Vater aus Salzburg einen Brief von Fürsterzbischof Schrattenbach erhält, schmeiße ich meine Arbeit hin. Die Gerüchteküche kocht bis nach Hause, so will der Fürsterzbischof erfahren haben, dass ich für die Komposition 2000 Gulden bekomme. So viel Geld, was für ein Schwachsinn!"

„Ich kann mir vorstellen, dass dein Vater das nicht auf sich beruhen ließ. Was unternimmt er, um deinen Ruf zu retten?"

Amadeus schüttelt mir die Hand.

„Du kennst uns inzwischen ja ganz gut, Valentin. Gratuliere! Vater schreibt einen Artikel, ‚um die Ehre meines Kindes zu retten', wie es so schön heißt. Die Beschwerdeschrift richtet sich an den Kaiser in Wien und zugleich an Fürsterzbischof Schrattenbach.

Vater räumt darin alle Vorwürfe gegen mich aus dem Weg. Da die Aufführung in Wien nicht gelingt, bittet er den Kaiser und Schrattenbach um Unterstützung. Sie sollen ihre diplomatischen Kontakte ausspielen und uns nach Italien empfehlen.

So dumm dies alles im Zusammenhang mit meiner ersten Oper für mich lief, die Intrigen haben etwas Großartiges vollbracht."

Ich zucke die Schultern. Was meint er bloß?

„Sie gehen als Fall Affligio in die Geschichte ein. Und weißt du, was das Beste ist?"

Woher sollte ich?

Amadeus antwortet bevor ich etwas sagen kann.

„Ihnen verdanke ich meine erste Italienreise!", sagt er voller Genugtuung.

„Lass mich raten, dein Papa kümmert sich um die Kutsche und ihr packt wieder die Koffer?" Wie immer, denke ich und gähne. Inzwischen muss es sehr spät geworden sein, jedenfalls merke ich, wie ich müde werde.

Wie spät es wohl ist? Seine Taschenuhr steckt in seiner Weste und ich traue mich nicht zu fragen.

„Nein. Anders. Es kommt etwas dazwischen. Bei einem meiner letzten Konzerte lerne ich einen Herrn kennen, der sich für meine Musik begeistert. Das allein ist nichts Besonderes. Aber es handelt sich um keinen geringeren als Dr. Franz Anton Mesmer."

Er genießt den Triumph und ich habe keine Ahnung. „Du musst schon ausspucken, wer das ist. Mir sagt der Name nämlich nichts!"

„Mesmer ist ein Arzt, der die damalige Medizin mit seinen Ideen auf den Kopf stellt. Er behandelt den ganzen Menschen, wenn dieser krank ist und nicht nur die Symptome. Seine Methoden erstaunen die Wiener, denn er benutzt zur Heilung Magnete oder legt Menschen die Hände auf.

Überhaupt die Hände! Von meinem Klavierspiel verzaubert, glaubt er, dass meine Musik mächtige Energien überträgt.

Mein Vater findet ihn ein bisschen wunderlich. Ich bin auch nicht sicher, ob er spinnt. Aber er fragt mich, ob ich nicht Lust hätte, mir für eine kleine Feier im Familienkreis ein Singspiel in deutscher Sprache auszudenken.

Und ob ich Lust habe!

Ein deutsches Singspiel macht zwar noch keine italienische Oper, aber sie stellt wenigstens eine kleine Wiedergutmachung für die bislang vergeudete Zeit in Wien dar. Außerdem liegt das Libretto schon vor. Die Vertonung fällt mir leichter als bei *La finta semplice*. Was sicherlich daran liegt, dass mir der Stoff besser gefällt."

„Erzählst du mir, worum es geht?"

„Wenn du Lust hast! Immer! Bastienne, die Dorfschönheit, sorgt sich um die Treue ihres Freundes Bastien."

„Äh, Moment mal! Was soll das denn? Die heißen ja fast gleich! Da muss man ja verdammt gut aufpassen."

„Stimmt. Hör gut zu. Der einzige, der Bastienne – das ist sie – helfen kann, ist ein alter Schäfer. Er kann ein bisschen zaubern, empfiehlt Bastienne, ihren Liebsten eifersüchtig zu machen. Der Versuch gelingt. Auch Bastien sucht beim Schäfer Rat. Der hilft ein wenig nach und zaubert. Und siehe da: Bastienne erscheint. Die beiden Liebenden beseitigen mit ein paar Liedern und Duetten ihre Missverständnisse und sinken einander in die Arme.

Das Schmollen und die Eifersucht, damit konnte ich etwas anfangen. Die Premiere fand in Mesmers Garten in Wien statt. Alles, was Rang und Namen hatte, war da. Und was mich besonders freut, im Publikum sitzen viele Kinder. Durch den Garten laufen Diener und bieten den Gästen Konfekt und Limonade oder den Älteren Wein an.

Dann beginnt die Vorstellung. Vor Aufregung zittern mir die Knie. Alles darf passieren, aber ich will mich um Himmels Willen nicht blamieren. Hoffentlich klappt alles!

Wie im Traum erlebe ich die Vorstellung. Die Sänger geben ihr Bestes und die Musiker spielen so schön wie noch nie. Die letzten Töne verklingen und ich höre den Applaus, sehe die lachenden Gesichter.

Mesmer zeigt sich glücklich und bedankt sich überschwänglich. Ich freue mich unglaublich und genieße meinen Erfolg!"

12. Kapitel
Beschreibt die Uraufführung von *La finta semplice* bei Erzbischof Schrattenbach und schildert Italien als das wahre Opernland

Ich gähne schon wieder und kämpfe gegen die aufkommende Müdigkeit an. Draußen dämmert es bereits. Ich kann mich kaum noch wach halten.

Nach dem Erfolg von *Bastien und Bastienne* kehrt Amadeus wieder nach Salzburg zurück, obwohl ihm die Stadt seiner frühesten Jugend mittlerweile klein und eng erscheint.

Komisch, eben fällt mir ein, dass ich dieser Salzburg-Reise bis gestern Abend auch nichts abgewinnen konnte.

In den kommenden Wochen bereitet er sich freilich mit seinem Vater auf die bevorstehende Italienreise vor. Ob Nannerl und seine Mutter wohl auch wieder mit dabei sein werden?

Ich höre, dass Amadeus neben mir weiterspricht und bin aber nicht mehr so ganz bei der Sache. Höre etwas von „...mein Vater sorgt für die Uraufführung von *La finta semplice* bei Fürsterzbischof Schrattenbach... und er ködert mich mit einer unbesoldeten Stelle als dritter Konzertmeister. Meiner ersten Italienreise stimmt er zu und obendrein erhalte ich ein Reisegeld!"

Träum ich oder bin ich noch wach? Ich sehe Amadeus und Leopold vor mir. Es ist Mitte Dezember 1769. Ich sitze dem fast vierzehn Jahre alten Amadeus gegenüber in der Kutsche und wir büffeln Vokabeln. Besser gesagt, ich versuche mir ein paar Brocken zu merken und er fragt mich ab.

Con amore heißt mit Liebe und in meinem Gesicht klebt ein eklig feuchter Kuss. Igitt!

La carozza calda könnte die kalte Karre heißen und unser Reisegefährt meinen.

Doch Amadeus schüttelt sich vor Lachen. In Italien ist es umgekehrt! Caldo ist warm und freddo heißt kalt.

Südlich von Salzburg scheint die Sonne. Selbst der Kutscher freut sich über das gute Wetter im Winter und fährt uns in raschem Tempo durch die Tiroler Berge in Richtung Innsbruck.

In der Brieftasche von Leopold befinden sich wieder die wichtigen Empfehlungsschreiben der Wiener Hofgesellschaft und Briefe der Angehörigen des Salzburger Domkapitels. Alle loben Amadeus auf's wärmste und beschwören ihre Verwandten in Italien seine Konzerte anzuhören.

In Verona erleben wir den italienischen Karneval. Die Menschen tragen Masken und sind völlig außer Rand und Band. Die Grenze zwischen Herren und Dienern ist in dieser Zeit überwunden, und alle feiern miteinander.

Wir fahren nach Mailand, Bologna und dann nach Florenz, wo ich wegen des schlechten Wetters schrecklich friere. In den Zimmern stehen keine Öfen. Amadeus hat sich auf der Fahrt nach Florenz bei starkem Regen und Wind erkältet und hustet die ganze Zeit.

Deshalb schläft er jetzt fast bis mittags und genießt die wundersame Pflege von Leopolds Wundertropfen. Heißer Tee mit Veilchensirup. Meinetwegen, wenn es hilft!

Im April gelangen wir nach Rom. Es regnet schon wieder wie aus Eimern und auf dem Weg zur Sixtinischen Kapelle werden wir pudelnass.

Allein das *Miserere*, ein Chorstück, das wir dort hören, lässt uns die pitschnassen Sachen vergessen. Mit verträumtem Blick sitzen wir auf der Kirchenbank. Das *Miserere* stammt aus dem 17. Jahrhundert, erklärt uns Leopold, die Noten dafür werden unter Verschluss bewahrt. Keiner darf sie kopieren.

Doch Amadeus braucht die Noten nicht. Er holt sich am frühen Abend einen Schwung Notenpapier aus einem Koffer, nimmt Feder und Tinte zur Hand und macht sich an die Arbeit. In wenigen Stunden gelingt es ihm, das Gehörte aufzuschreiben. Es ist Wahnsinn, wie macht er das? Schließlich wurde das Chorstück in neun Stimmen gesungen.

Nach getaner Arbeit schreit sein Magen nach Essen. Also raus hier und ab in das nächste Gasthaus. Die Wirtin serviert uns Eier und Broccoli und Amadeus mault schrecklich, weil er weder das eine noch das andere mag. Ich kann es verstehen! Ein großer Teller mit Pasta und dampfender Soße wäre jetzt genau das Richtige.

„Und vergessen Sie den Käse nicht!", rufe ich der Bedienung hinterher.

„Valentin!"

An mir rüttelt jemand. Die Stimme kommt mir bekannt vor.

„Hey, Valentin, mein Süßer, wach doch auf!"

Mein Süßer? Die Einzige, die das immer sagt, obwohl es mir peinlich ist, ist meine Mama.

Aber vielleicht spricht ja jemand anders? Ich mache vorsichtshalber die Augen auf.

Sie ist's.

Neben ihr steht allerdings noch eine ältere Dame, in einem blassrosa Kostüm. Unterhalb ihres Kragens trägt sie ein Namensschild. Frl. Kleinmayer kann ich darauf entziffern.

„Valentin! Ich habe mir solche Sorgen um dich gemacht. Ich habe mindestens eine Stunde draußen auf dich gewartet." Sie nimmt mich in den Arm und knutscht mich mit großen Gesten ab.

Fräulein Kleinmayer schüttelt den Kopf. „Ich sage der Polizei Bescheid, sie können die Suche nach ihrem Sohn abbrechen." Sie bewegt sich langsam in Richtung Tür und schaut uns an.

Mama setzt den sorgenvollen Blick auf und tröstet mich weiter. Dieses Theater!

Die Kleinmayer ist verschwunden und sie flüstert jetzt: „Als ich das Kerzenlicht im Fenster flackern sah, wusste ich, dass es dir gut geht."

Sie schaut mich beschwörend an. Halt jetzt bloß die Klappe, heißt dieser Blick.

Ich weiß Bescheid. Fräulein Kleinmayer lauscht vielleicht.

Also spreche ich ein wenig lauter als sonst.

„Hallo Mama, schön, dass du da bist. Ich hab ganz schön viel erlebt."

Ich weiß, das klingt ein bisschen gestelzt, doch nach einer solchen Nacht muss ich mir darüber wohl keine allzu großen Gedanken machen.

In meiner Hosentasche fehlt der Filzstift, dafür fühle ich etliche Steine. Ich hebe meine Hand und will mich am Kopf kratzen, da fällt mein Blick in die Handfläche. Ein kleines Kamel schaut mich freundlich an.

Ein herzliches Dankeschön gilt den beiden Menschen,
die stets voller Zuversicht an dieses Buch glaubten,
Claudia Röder und Bert Petzold sowie meiner Tochter Valentina,
die stets guter Laune den vielen Mozart-Aufnahmen lauschte
und mit mir Salzburg eroberte.

Ich danke meinen Kollegen aus der Dramaturgie der Oper Frankfurt,
insbesondere Hendrikje Mautner für die Korrekturen und
Norbert Abels, der nach der Lektüre von 20 Manuskript-Seiten
voll des Lobes war, sowie dem Intendanten Bernd Loebe und
dem Technischen Direktor der Tonabteilung, Peter Tobiasch,
für eine wunderbare *Don Giovanni*-Aufnahme.